Zertifikatstraining Deutsch

Ulrich Remanofsky

Wortschatz

überarbeitet für das neue
Zertifikat Deutsch

Max Hueber Verlag

Abkürzungen

bzw.	=	beziehungsweise
ca.	=	circa
d. h.	=	das heißt
etc.	=	et cetera
jdm.	=	jemandem
jdn.	=	jemanden
Pl.	=	Plural
u. a.	=	unter anderem
usw.	=	und so weiter
vgl.	=	vergleiche
z. B.	=	zum Beispiel

Genus und Pluralform

der Nomen werden folgendermaßen dargestellt:

a) r Arbeiter, -   = der Arbeiter, die Arbeiter
b) s Haus, ¨er   = das Haus, die Häuser
c) e Ärztin, -nen   = die Ärztin, die Ärztinnen

Das Werk und seine Teile sind urheberrechtlich geschützt.
Jede Verwertung in anderen als den gesetzlich zugelassenen
Fällen bedarf deshalb der vorherigen schriftlichen
Einwilligung des Verlags.

Hinweis zu § 52a UrhG: Weder das Werk noch seine Teile dürfen ohne
eine solche Einwilligung überspielt, gespeichert und in ein Netzwerk
eingespielt werden. Dies gilt auch für Intranets von Firmen und von Schulen
und sonstigen Bildungseinrichtungen.

5. 4. 3. | Die letzten Ziffern
2008 07 06 05 04 | bezeichnen Zahl und Jahr des Druckes.
Alle Drucke dieser Auflage können, da unverändert,
nebeneinander benutzt werden.
1. Auflage
© 2000 Max Hueber Verlag, 85737 Ismaning, Deutschland
Umschlaggestaltung: Alois Sigl
Zeichnungen: Joachim Schuster, Baldham
Gesamtherstellung: Ludwig Auer GmbH, Donauwörth
Printed in Germany
ISBN 3–19–001652–6

Inhalt

Vorwort — 4

Stufe 1 — 5

Stufe 2 — 29

Stufe 3 A — 60

Stufe 3 B — 93

Stufe 3 C — 112

Wortgruppenliste — 121

Alphabetische Wortliste — 125

Lösungsschlüssel/Bewertungsvorschläge — 142

Vorwort

Dieses Übungsbuch dient in erster Linie der Vorbereitung auf die Prüfung „Zertifikat Deutsch", wendet sich darüber hinaus aber auch an alle anderen Deutschlernenden, die ihren Wortschatz festigen und erweitern wollen.

Die Übungen umfassen alle Stichwörter der von den zuständigen Institutionen erarbeiteten Wortliste (vgl. Zertifikat Deutsch, 1999). Viele Stichwörter haben mehrere Bedeutungen bzw. Bedeutungsvarianten, die in den Übungen ebenfalls berücksichtigt werden. Auf Stufe 3 B werden besonders häufig auftretende und/oder besonders komplexe Bedeutungsunterschiede gezielt geübt und wiederholt. Auf eine Reihe leicht aus dem Kontext erschließbarer Bedeutungsvarianten (z. B.: Die Straßen im Zentrum sind *eng*. / Die Jacke ist mir zu *eng*.) wurde aber verzichtet, um den Umfang dieses Bandes möglichst benutzerfreundlich zu halten.

Stufe 3 C enthält in Österreich und in der Schweiz gebräuchliche Wörter, die so genannten Austriazismen bzw. Helvetismen, die der besseren Übersichtlichkeit wegen in alphabetischer Reihenfolge aufgelistet werden.

Da Wortschatzarbeit ein langwieriges Unterfangen ist, sind die Übungen so konzipiert, dass sie schon in einem relativ frühen Lernstadium eingesetzt werden können, nämlich Stufe 1 nach etwa 180, Stufe 2 nach 240 und Stufe 3 nach etwa 300 Unterrichtsstunden. Diese Untergliederung in 3 Stufen orientiert sich an einer Progression des Wortschatzes (und der Grammatik), wie sie in den meisten gängigen Lehrwerken zu finden ist. Stufe 1 (zum Teil auch Stufe 2) umfasst die besonders frequenten Wörter und verlangt keine oder nur wenige Umformungen. So werden die Verben z. B. in der Regel in ihrer flektierten Form vorgegeben. Die Übungen auf Stufe 3 sind komplexer und verlangen entsprechende Vorkenntnisse. Aber auch die Lernenden, die sich schon kurz vor der Prüfung befinden, sollten zur besseren Festigung ihres Wortschatzes auf jeden Fall die Stufen 1 und 2 durcharbeiten.

Wirklich sinnvoll sind Übungen, die der Vorbereitung einer Prüfung dienen sollen, natürlich nur dann, wenn sie auch *alle* durchgearbeitet werden. Um dem Benutzer diese Aufgabe zu erleichtern, haben viele Übungen spielerischen Charakter (Buchstabensalat, Streik der Vokale, Silbentausch, Rätsel etc.). Manche Übungen weisen nur einen minimalen Kontext auf, um ein schnelleres Bearbeiten zu ermöglichen. Wer hier bei dem einen oder anderen Wort eine eindeutigere Kontexteinbettung vermissen sollte, sei auf die alphabetische Wortliste auf den Seiten 125 bis 141 verwiesen. Aus dieser Liste geht hervor, dass die meisten der etwa 2330 Stichwörter mehr als nur einmal in den vorliegenden Übungen verwendet werden. Anhand der Wortliste kann das gesuchte Wort so in der Mehrzahl der Fälle nochmals nachgeschlagen werden.

Der Lösungsschlüssel auf den Seiten 142 bis 153 erleichtert auch Selbstlernern das Arbeiten mit den Übungen. Bewertungsvorschläge erlauben es dem Benutzer, seinen Kenntnisstand auf jeder Stufe selbst zu überprüfen.

Zu diesem Buch gibt es ein PC-Programm. In computerspezifischen Übungen kann damit noch einmal der gesamte Zertifikatswortschatz geübt und wiederholt werden.

Stufe 1

1. Was passt wo? (Nomen)

Merken Sie sich möglichst viele von den 24 Wörtern. Ordnen Sie sie zuerst in Gruppen (1 Gruppe = 4 Wörter). Sie werden sehen, mit System geht das Lernen viel leichter.

s Auto, -s	r Bundeskanzler, -	r Pullover, -
r Schreibtisch, -e	r Bus, -se	e Couch
s Medikament, -e	r Berg, -e	e Regierung, -en
r Mantel, ¨	r Arzt, ¨e	s Regal, -e
s Parlament, -e	e Sprechstunde	r Patient, -en
r See, -n	s Tal, ¨er	s Schiff, -e
r Fluss, ¨e	r Sessel, -	r Bundespräsident, -en
e Hose, -n	e Jacke, -n	e Straßenbahn, -en

Fahrzeuge	das Auto die Autos			
Möbel				
Politik				
Natur				
Medizin				
Kleidungsstücke				

2. Rätselwörter

Ergänzen Sie.

a) Nachts sieht man bei klarem Wetter den...
b) Der Schirokko ist ein...
c) Meine Frau erwartet ein...
d) Er gab jedem von uns die...
e) Wir gehen schlafen, wenn wir müde...
f) Das Bild hängt an der...
g) Andorra ist ein kleines...
h) Er gab ihr einen Kuss auf den...
i) Der Tisch ist nicht viereckig, sondern...
j) Wir haben eine Katze und einen...

M	O	N	D
		N	D
		N	D
		N	D
		N	D
		N	D
		N	D
		N	D
		N	D
		N	D

a) Zahlwort
b) Man trinkt ihn
c) Man singt es
d) Sie ist ein Teil des Gesichts
e) Sie wird vor allem von Männern getragen
f) Gegenteil von *wenig*
g) Viele Menschen auf der Erde essen ihn
h) Personalpronomen

E	I	N	S
	E		
		E	
			E
			E
		E	
	E		
E			

3. Was ist das Gegenteil von...?

Kreuzen Sie an.

 Was ist das Gegenteil von

früh
☐ lange
☒ spät
☐ fern

Was ist das Gegenteil von

a) hell
  ☐ dunkel
  ☐ schwarz
  ☐ leer

b) langsam
  ☐ schnell
  ☐ stark
  ☐ frisch

c) reich
  ☐ einfach
  ☐ billig
  ☐ arm

d) alt
  ☐ froh
  ☐ jung
  ☐ ledig

e) lang
  ☐ schwach
  ☐ breit
  ☐ kurz

f) richtig
  ☐ faul
  ☐ falsch
  ☐ wichtig

g) warm
  ☐ nass
  ☐ kalt
  ☐ trocken

h) traurig
  ☐ hart
  ☐ sympathisch
  ☐ lustig

i) viel
  ☐ wenig
  ☐ selten
  ☐ allein

j) gut
  ☐ krank
  ☐ schmutzig
  ☐ schlecht

k) klug
  ☐ blind
  ☐ offen
  ☐ dumm

l) langweilig
  ☐ notwendig
  ☐ interessant
  ☐ wach

4. Was ist das Gegenteil von...?

Suchen Sie das Gegenteil zu den Adjektiven!

Beispiel Sie trug kein *dunkles* Kleid, sondern ein _____*hell*_____ es.

a) *Viele* Leute reden über Umweltprobleme, aber nur _____e tun etwas dafür.

b) Bei diesem _____en Wetter solltest du *warme* Kleidung anziehen.

c) Das erste Auto der Welt war natürlich *schneller* als ein Fußgänger, aber doch viel _____er als ein Pferd.

d) Haben Sie mit dem *jungen* oder dem _____en Herrn Müller gesprochen?

e) Er macht jetzt immer ein so *trauriges* Gesicht. Früher war er doch so ein _____er Mensch.

f) Für einen Kenner ist es sehr leicht, einen *guten* Wein von einem _____en zu unterscheiden.

g) Der Rock war mir zu *lang*. Deswegen habe ich ihn _____er machen lassen.

h) In vielen Filmen heiratet ein *reicher* junger Mann ein _____es junges Mädchen.

i) Kommst du heute *früher* nach Hause als gestern? – Nein, leider sogar noch _____er.

j) Um die Zertifikatsprüfung zu bestehen, müssen mindestens 60% der Antworten *richtig* sein, oder – anders ausgedrückt – nicht mehr als 40% der Antworten dürfen _____ sein.

k) Er hat sich nicht *klug*, sondern sehr _____ verhalten.

l) Der Film gestern Abend war schrecklich *langweilig*. Hoffentlich ist der heute Abend _____ er.

5. Welches Verb passt?

Setzen Sie ein.

> bekommen – buchstabieren – eingepackt – entschuldigen – gehört – gekauft – gelebt – gemalt – gerettet – heben – heißt – kenne – kennen gelernt – lernt – planen – schlief … ein – sehen – sprechen – studieren – trinkst – vergessen – verstehen – weißt

a) Was hast du denn zum Geburtstag *bekommen*?

b) Sie haben aber einen komplizierten Namen. Können Sie ihn bitte _____?

c) Oh, mein Gott! Jetzt habe ich meine Papiere _____.

d) _____ Sie bitte lauter! Ich kann Sie nicht _____.

e) An welcher Universität willst du denn _____?

f) Was _____ du lieber, Kaffee oder Tee?

g) Sprichwort: Man _____ nicht für die Schule, sondern für das Leben.

h) Er hat sich ein neues Auto _____.

i) Diesen Ausdruck _____ ich nicht.

j) _____ du, wie die Hauptstadt von Neuseeland _____?

k) Herr Maier lässt sich _____, er ist stark erkältet.

l) Wissen Sie, in welchem Jahrhundert Immanuel Kant _____ hat?

m) Er kann ohne Brille kaum noch etwas _____.

n) Dieses Wort habe ich noch nie _____.

o) Er ging zu Bett und _____ sofort _____.

p) Haben Sie das Bild nach einer Postkarte _____?

q) Wo habt ihr euch eigentlich _____?

r) Wir _____, auf der Rückfahrt über München zu fahren.

s) Der Hund hat mir das Leben _____.

t) Hast du deine Sachen schon _____?
u) Wer ist dafür? Bitte die Hand _____!

6. Wie heißt das Fragewort?

Setzen Sie ein.

> wann – warum – warum – was – welchen – wem – wem – wen – ~~wer~~ – wer – wessen – wie – wie – wie – wie viel – wie viel – wie viel – wo – wo – wo – woher – woher – wohin

a) _Wer_ von euch kann mir sagen, wo Johann Wolfgang von Goethe geboren ist?
b) _____ bist du nicht gleich zum Arzt gegangen?
c) _____ liegt eigentlich das Schloss Neuschwanstein?
d) Weißt du, _____ Einwohner München hat?
e) _____ kann ich noch für Sie tun?
f) _____ fährt der Zug nach Hamburg ab?
g) _____ kommen Sie, aus Bayern oder aus Österreich?
h) _____ Zug willst du nehmen, den um 7 Uhr oder den um 8 Uhr?
i) _____ geht es deinen Eltern?
j) _____ fährst du denn dieses Jahr in Urlaub, wieder in den Schwarzwald?
k) _____ gehört dieses Buch?
l) Rate mal, _____ ich gestern in der Stadt getroffen habe.
m) Um _____ Uhr kommst du heute Abend nach Hause?
n) Mit _____ warst du gestern im Kino?
o) _____ weit bist du mit deiner Arbeit?
p) Wissen Sie, _____ er gestern Abend nicht gekommen ist?
q) _____ lange dauert der Film?
r) _____ weißt du eigentlich, dass ich in Argentinien geboren bin?
s) Ich weiß nicht, _____ Buch das ist.
t) _____ von euch möchte noch ein Stück Kuchen?
u) _____ haben Sie das her?
v) _____ ist 36 mal 4?
w) _____ kommt der Schrank hin?

Stufe 1

7. Raum und Zeit

Welche der folgenden Wörter lassen sich in die Kategorie *Raum*, welche in die Kategorie *Zeit* einordnen?

oft – bald – dort – dann – breit – unten – überall – heute – rechts – vorher – morgen – links – schmal – nachher – hoch – gestern – früher – jetzt – oben – sofort – tief – hier – neben – immer – längst – drinnen – draußen – später

Raum	Zeit
dort	heute

8. Buchstabensalat: Verben

Hier sind mehrere Buchstaben durcheinander gekommen. Schreiben Sie richtig.

Beispiel: Können Sie mir diesen Satz BESERÜTZEN (*übersetzen*)?

a) In welcher Firma TABREIEN (_____) Sie denn?

b) Er HOWNT (_____) bei seinen Großeltern.

c) Politische Probleme TERESINSIEREN (_____) mich sehr.

d) TELLS (_____) die Flaschen bitte auf den Tisch!

e) Ich KANDE (_____) sehr für Ihre Hilfe.
f) GRAF (_____) doch deinen Lehrer!
g) Wohin SEHGT (_____) du jetzt?
h) STÄHRF (_____) du mit der Straßenbahn oder mit der U-Bahn?
i) Neben seiner Muttersprache Deutsch SCHIRPT (_____) er noch fließend Englisch und Französisch.
j) NERLEN (_____) Sie außer Deutsch noch eine andere Fremdsprache?
k) Er kann weder SELEN (_____) noch BEISCHREN (_____).
l) In diesem Bett SCHFÄLT (_____) man sehr gut.
m) In Deutschland NESES (_____) viele Leute abends kalt.
n) STIEHS (_____) du dir heute Abend auch den Krimi im Fernsehen an?
o) Heute ZAHBELEN (_____) immer mehr Leute mit einer Scheckkarte.
p) Mein Vater ist Lehrer. Er RUNTERECHTIT (_____) Deutsch und Geschichte.
q) Welche Zigarettenmarke NAUCHER (_____) Sie denn?
r) Auf diese Lautsprecher NEGEB (_____) wir Ihnen 5 Jahre Garantie.
s) PLIESEN (_____) Sie ein Instrument?
t) Wären Sie bereit, die Diskussion zu TIELEN (_____)?
u) Die Hauptsache ist, dass du pünktlich STOMMK (_____).
v) Die Kleiderbürste ist hinter den Schrank FEGALLEN (_____).
w) Ich konnte vor Schmerzen nicht ITZSEN (_____) und nicht GIELEN (_____).
x) Sie wird sofort rot, wenn sie GÜLT (_____).

9. Wie heißen die Jahreszeiten?

a) März – April – Mai: _Frühling (Frühjahr)_
b) Juni – Juli – August: _____
c) September – Oktober – November: _____
d) Dezember – Januar – Februar: _____

10. Welches Wort passt nicht?

Beispiel: Auto – ~~Parkuhr~~ – Bahn – Bus

a) Wein – Milch – Kaffee – Tee
b) Dose – Bier – Glas – Flasche
c) Salz – Pfeffer – Suppe – Curry
d) Fuß – Nase – Auge – Ohr
e) Buch – Illustrierte – Zeitung – Papier
f) Hund – Katze – Fisch – Pferd
g) Montag – Feiertag – Freitag – Samstag
h) Renate – Peter – Werner – Wolfgang
i) Frühling – Sommer – Herbst – Dezember
j) Winter – Schnee – Regen – Wind
k) Jeans – Bein – Mantel – Jacke
l) Couch – Zimmer – Stuhl – Schrank
m) Vater – Mutter – Mensch – Kind
n) Käse – Wein – Butter – Kotelett
o) Salat – Zitrone – Kaufhaus – Mehl
p) Nase – Gewürz – Brust – Knie

11. Finden Sie die richtige Reihenfolge.

meistens – oft – ~~nie~~ – selten – immer – manchmal

nie _____

12. Wie heißen die Farben?

weiß, s_____ z, r____ t, g____ b, g____ n, b____ u, b____ n, g____ u

12 Stufe 1

13. Was gehört zusammen?

a)

1	Sollen wir diese Regel		a	mir ist kalt.
2	Die erste Frage eines Arztes ist oft:		b	nur vormittags Unterricht haben?
3	Mach bitte das Fenster zu,		c	nur anzurufen brauchen.
4	Peter liegt im Bett,		d	Vor einer halben Stunde.
5	Er ist wirklich ein glücklicher Mensch,		e	dass ich Ihnen nicht helfen kann.
6	Wusstest du, dass die Schüler in der Bundesrepublik		f	auswendig lernen?
7	Es tut mir sehr Leid,		g	er fühlt sich nicht wohl.
8	Wann ist der Unfall passiert?		h	Nun, was fehlt Ihnen denn?
9	Sie hätten		i	alles gefallen!
10	Lass dir doch nicht		j	er ist immer guter Laune.

1	2	3	4	5	6	7	8	9	10
f									

b)

1	Fährst du schon diese Woche nach Hamburg?		a	Viertel vor eins.
2	Kann ich Ihnen helfen?		b	O ja! Das ist sehr nett von Ihnen.
3	Warum hast du den Mantel nicht gekauft?		c	Den Elften.
4	Wie geht es Ihnen?		d	Nein, erst in 14 Tagen.
5	Wie spät ist es?		e	Um acht!
6	Den Wievielten haben wir heute?		f	Sie fahren immer geradeaus, dann…
7	Um wie viel Uhr kommst du zurück?		g	Danke, gut. Und Ihnen?
8	Wie komme ich am schnellsten zum Bahnhof?		h	Ich hatte kein Geld bei mir.

1	2	3	4	5	6	7	8
d							

Stufe 1

14. Beruferaten

Hier sind die Silben vertauscht worden. Ergänzen Sie auch den Artikel und die Pluralform.

a) LI/PO/ZIST
 der Polizist, die Polizisten

b) KER/NI/TECH

c) FER/VER/KÄU

d) KER/LI/PO/TI

e) FAH/XI/TA/RER

f) NI/CHA/ME/KER

g) KER/ELEK/TRI

h) GER/BRIEF/TRÄ

i) WALT/RECHTS/AN

j) GEN/ARZT/AU

k) STER/KRAN/SCHWE/KEN

l) AN/STELL/POST/GE/TE

m) VER/PRO/TÄTS/SI/SOR/UNI/FES

Hier sind die Buchstaben durcheinandergekommen.

Beispiel: Er ist NAROUJSTIL (*Journalist*) bei einer großen Tageszeitung.

a) Er ist der reichste RAUBE (_____) im Dorf, er besitzt 50 Stück Vieh.

b) Wir kaufen unser Brot beim RÄBECK (_____).

c) Wenn der RELLNEK (_____) nicht bald kommt, gehen wir in ein anderes Restaurant.

d) Meine Haare sind zu lang, ich muss zum RISEURF (_____).

e) Der GERZMET (_____) verkauft Fleisch und Wurst.

f) Mein Onkel ist REHLER (_____) in einer Berufsschule.

15. Was kann das wohl sein?

Setzen Sie ein.

> s Herz, -en   s Geschenk, -e   e Grenze, -n   s Gepäck   e Postleitzahl, -en   s Getreide
> s Verkehrszeichen, -   e Treppe, -n   r Nebel, -   e Marmelade   e Milch   r Verein, -e   r Verkehr
> s Gesetz, -e   e Unterwäsche   s Visum, Visa   s Zelt, -e   r Wald, ¨-er   e Brille, -n
> e Zahnbürste, -n   s Gesicht, -er

a) Sie trennt Länder voneinander: *die Grenze*

b) Augen, Ohren und Nase gehören dazu: _____

c) Es gibt sie in jedem Staat: _____

d) Es ist Teil des Körpers und schlägt: _____

e) Der Baum ist ein Teil davon: _____

f) Man braucht es, um in manche Länder zu reisen: _____

g) Er ist vor allem in den Städten ein Problem: _____

h) Damit wird der Verkehr geregelt: _____

i) Ohne Mitglieder gibt es ihn nicht: _____

j) Man trägt sie unter Hose und Hemd oder Rock und Bluse: _____

k) Wenn man verreist, hat man gewöhnlich welches: _____

l) Es gibt sie in jedem Haus, das mehrere Stockwerke hat: _____

m) Manchmal können Flugzeuge deswegen nicht landen: _____

n) Man isst sie oft auf dem Frühstücksbrot: _____

o) Auf dem Campingplatz übernachtet man darin: _____

p) Man braucht sie zum Zähneputzen: _____

q) Man braucht sie, wenn man schlechte Augen hat: _____

r) Man bekommt es, wenn man Geburtstag hat: _____

s) Ein gesundes weißes Getränk: _____

t) Auf einem Brief sollte sie nie fehlen: _____

u) Daraus macht man Mehl: _____

Stufe 1

16. Streik der Vokale

Ergänzen Sie.
a) die T ü r
b) der D _ n k
c) das R _ g _ l
d) die K _ r c h _
e) der V _ r n _ m _
f) der P _ l l _ v _ r
g) das G _ g _ n t _ _ l
h) der S p _ r t p l _ t z
i) der B r _ _ f t r _ g _ r
j) der B _ n d _ s b _ r g _ r
k) der B _ c h _ r s c h r _ n k
l) der F _ r n s _ h _ p p _ r _ t
m) die B _ n d _ s r _ g _ _ r _ n g
n) die K r _ n k _ n s c h w _ s t _ r
o) der D _ _ t s c h _ n t _ r r _ c h t
p) die R _ p _ r _ t _ r w _ r k s t _ t t
q) der W _ r t s c h _ f t s m _ n _ s t _ r
r) die _ _ f _ n t h _ l t s _ r l _ _ b n _ s
s) die H _ c h s t g _ s c h w _ n d _ g k _ _ t
t) die _ n f _ n g s s c h w _ _ r _ g k _ _ t _ n

17. Am Zoll

Setzen Sie ein.

> nur – Zöllner – der – Grenze – ging – sie – Sack – ~~ein~~ – mit – antwortete – für – aus – Fahrrad – meinem – bei – lag – war – die – Tag – es

Jeden Tag schob _ein_____ Mann sein Fahrrad _____ Konstanz über die _____. Auf dem Rad _____ immer ein Sack _____ Sand. „Haben Sie _____ zu verzollen?" wollte _____ Zöllner wissen. „Nein", _____ er, „ich bringe _____ Schweizer Freund Sand _____ seine Gartenwege." So _____ es Tag für _____. Schließlich wurden die _____ aber doch misstrauisch _____ leerten einen Sack _____, fanden aber nichts. _____ dauerte lange, bis _____ Zöllner merkten: Im _____ war zwar immer _____ Sand, aber jedes Mal _____ es ein fabrikneues _____ gewesen.

16 Stufe 1

18. Weibliche oder männliche Form?

Ergänzen Sie.

männlich	weiblich	männlich	weiblich
a) Vater	*Mutter*	f) Sohn	_____
b) _____	Schwester	g) _____	Großmutter
c) Junge	_____	h) Neffe	_____
d) _____	Frau	i) Arzt	_____
e) _____	Tante	j) _____	Cousine

19. Natur oder Mensch?

Bei den folgenden Wörtern handelt es sich um Dinge, die entweder in der Natur vorkommen oder vom Menschen geschaffen worden sind. Ordnen Sie die Wörter zu.

```
r Regen, -          r Wetterbericht, -e   e Landkarte, -n   r Blitz, -e    e Schokolade
r Berg, -e          s Rad, ⸚er            s Meer, -e        r Vogel, ⸚     r Stoff, -e
s Haus, ⸚er         s Tal, ⸚er            e Straße, -n      s Papier       e Luft
r Stein, -e         s Gold                r Hafen, ⸚        e Wolke, -n    e Brücke, -n
e Treppe, -n        r Fluss, ⸚e           r Garten, ⸚       r Wind, -e     r Schnee
e Mauer, -n         r Park, -s            r Baum, ⸚e        s Dorf, ⸚er    r Stern, -e
r Parkplatz, ⸚e     r Schatten            e Fabrik, -en     e Sonne
```

Natur	Mensch
das Meer, die Meere	*die Straße, die Straßen*
_____	_____
_____	_____
_____	_____
_____	_____
_____	_____
_____	_____
_____	_____

20. Wie heißt der Oberbegriff?

Ordnen Sie zu.

> Vornamen – Zeitmaße – Heizmaterial – Planeten – Obst – Tageszeiten – Monatsnamen – Öffentliche Verkehrsmittel – Wochentage – Längenmaße – Kontinente – Sportarten – Kirchliche Festtage – Brüche (*auch:* Bruchzahlen) – Gewichte – Jahreszeiten – Kleidungsstücke – Tiere – Zahlen – Teile des Gesichts

Oberbegriff:

a) e Hose, s Hemd, e Jacke — *Kleidungsstücke*

b) r Frühling, r Sommer, r Herbst _____

c) r Apfel, e Birne, e Banane _____

d) s Kilo(gramm), s Pfund, s Gramm _____

e) r Zentimeter, s/r Meter, r Kilometer _____

f) r Vormittag, r Nachmittag, e Nacht _____

g) e Venus, r Mars, e Erde _____

h) eins, (ein-)hundert, eine Million _____

i) e Sekunde, e Woche, s Jahrzehnt _____

j) Ostern, Pfingsten, Weihnachten _____

k) r Vogel, r Fisch, r Hund _____

l) s Auge, r Mund, e Nase _____

m) r Montag, r Dienstag, r Mittwoch _____

n) e Straßenbahn, s Taxi, r Bus _____

o) Fußball, Handball, Tennis _____

p) Hans, Peter, Brigitte _____

q) ein Drittel, ein Fünftel, ein Sechstel _____

r) e Kohle, s Öl, s Gas _____

s) Europa, Asien, Amerika _____

t) r Mai, r Juni, r Juli _____

18 Stufe 1

21. Was ist das?

1	Ein Hammer ist
2	Die Grippe ist
3	Eine Rose ist
4	Ein Schrank ist
5	Europa ist
6	Düsseldorf ist
7	Milch ist
8	Der Rhein ist
9	Die Nordsee ist
10	Der Bodensee ist
11	Die Bundesrepublik ist
12	Der Montblanc ist
13	Die Alpen sind
14	Der Mars ist
15	Fußball ist
16	Blau ist
17	Eine Hose ist
18	Karotten sind
19	Eisen ist
20	Bayern ist
21	Eine Katze ist
22	Sylt ist

a	ein Haustier.
b	eine Farbe.
c	ein Metall.
d	ein Werkzeug.
e	ein Fluss.
f	ein See.
g	ein Berg.
h	ein Möbelstück.
i	ein Gemüse.
j	eine Krankheit.
k	ein Bundesland.
l	ein Getränk.
m	ein Kleidungsstück.
n	ein Staat.
o	ein Meer.
p	eine Blume.
q	ein Kontinent.
r	ein Planet.
s	eine Insel.
t	eine Stadt.
u	ein Gebirge.
v	eine Sportart.

1	2	3	4	5	6	7	8	9	10	11	12	13	14	15	16	17	18	19	20	21	22
d																					

Stufe 1

22. Wie heißt die Pluralform?

a) die Antwort *die Antworten*
b) die Ausnahme _____
c) das Beispiel _____
d) der Bruder _____
e) der Fehler _____
f) die Frage _____
g) die Frau _____
h) der Gruß _____
i) die Hand _____
j) das Haus _____
k) das Hobby _____
l) das Jahr _____
m) der Junge _____

n) das Kind _____
o) das Land _____
p) das Mädchen _____
q) der Mann _____
r) der Monat _____
s) der Preis _____
t) die Regel _____
u) die Schwester _____
v) der Sohn _____
w) die Stadt _____
x) der Tag _____
y) die Tochter _____

Setzen Sie nun 14 Pluralformen aus obenstehender Liste ein.

a) Auf diese Frage gibt es viele *Antworten*.
b) Im Ruhrgebiet liegen mehrere _____ mit mehr als 500 000 Einwohnern.
c) In Briefen findet man oft die Schlussformel: Viele herzliche _____.
d) Ich habe in Ihrem Diktat nur zwei _____ gefunden.
e) Bayern und Nordrhein-Westfalen sind Bundes_____.
f) Mein Großvater ist gestern 76 _____ alt geworden.
g) In dieser Firma arbeiten mehr F_____ als _____.
h) Ein Jahr hat 12 _____.
i) _____ schenkt man oft Spielzeugautos, _____ Puppen.
j) Meine _____ sind: Schwimmen, Lesen und Jazz.
k) In dieser Straße stehen noch mehrere _____ aus dem Mittelalter.
l) Im letzten Jahr sind die _____ um rund 2% gestiegen.
m) _____ bestätigen die Regel.

20 Stufe 1

23. Wie heißt das Gegenteil?

Das Gegenteil von... *ist...*

1	öffnen
2	geben
3	erlauben
4	aufmachen
5	anziehen
6	einsteigen
7	lachen
8	leben
9	gewinnen
10	frieren
11	zunehmen
12	beginnen
13	ablehnen
14	verbessern
15	einziehen
16	abfahren
17	anmachen
18	trennen

a	weinen
b	verschlechtern
c	verbinden
d	schließen
e	schwitzen
f	abnehmen
g	verbieten
h	nehmen
i	ausziehen
j	ausziehen
k	aussteigen
l	ankommen
m	zumachen
n	ausmachen
o	beenden
p	annehmen
q	verlieren
r	sterben

1	d
2	
3	
4	
5	
6	
7	
8	
9	
10	
11	
12	
13	
14	
15	
16	
17	
18	

Stufe 1

24. Reaktionen und Gefühle

Setzen Sie ein.

> gehasst – lachen – lächelte – weinen – sich … gefreut – fürchtete sich – war … enttäuscht – liebt – klagt – erschrak

a) Er _lächelte_ über ihre vergeblichen Anstrengungen.

b) Er hat _____ über das Geschenk _____.

c) Das ist doch nicht so schlimm, da brauchst du doch nicht zu _____.

d) Die Kleine _____ _____ vor der großen Katze.

e) Über diese lustige Geschichte musste ich noch am nächsten Tag _____.

f) Der Künstler _____ über die Kritik in der Zeitung sehr _____.

g) Manchmal hat er das Gefühl, dass sie einen anderen _____.

h) Der Patient _____ über Magenschmerzen.

i) Er _____, als er die Höhe der Rechnung sah.

j) Diese dauernden Aufregungen habe ich wirklich _____.

25. Gedanken und Meinungen

Setzen Sie ein.

> nachgedacht – sich … überlegt – denkst – gemeint – mir … vorstellen – bin … anderer Ansicht – glaube – vermutet – nehme an

a) Darüber hat er bestimmt noch nie _nachgedacht_.

b) Da _____ ich allerdings _____ _____ als mein Kollege.

c) Sie haben mich missverstanden. So habe ich das nicht _____.

d) _____ du manchmal noch an deine alte Heimat?

e) Sie _____, dass er mit dem Zug um 10 Uhr kommt.

f) Hat sie _____ das auch genau _____?

g) Ich _____ _____, dass er unsere Vorschläge nicht einfach ablehnen wird.

h) Ich _____, dass sie Recht hat.

i) Ich kann _____ gar nicht _____, dass er so hohe Schulden hat.

26. Personenbeschreibung I

Setzen Sie ein.

> blass – dünn – ehrlich – faul – großzügig – intelligent – klein – komisch – kritisch – mutig – nervös – nett – neugierig – ordentlich – pünktlich – sparsam – vorsichtig – zuverlässig

a) Wenn Herr Schmidt das gesagt hat, dann macht er es auch. Er ist wirklich sehr _zuverlässig_.

b) Peter versteht alles sofort. Er ist sehr _____.

c) Inge fährt nicht schnell und passt gut auf. Sie ist eine _____ Autofahrerin.

d) Frau Meier kommt nie zu spät. Sie ist immer _____.

e) Brigitte sagt immer die Wahrheit. Sie ist _____.

f) Monika gibt wenig Geld aus. Sie ist eine _____ Hausfrau.

g) Gisela wird nie braun. Sie ist immer ganz _____ im Gesicht.

h) Udo kritisiert alles. Er ist ein sehr _____ Mensch.

i) Mein Bruder gibt dem Ober im Restaurant jedes Mal mindestens zwei Euro Trinkgeld. Er ist wirklich sehr _____.

j) Frau Bäcker steht immer auf dem Balkon und beobachtet, was auf der Straße los ist. Sie ist sehr _____.

k) Frau Schmidt ist freundlich zu allen Leuten. Sie ist wirklich eine _____ Frau.

l) Ich weiß nicht, was ich von Peter denken soll. Er ist ein _____ Mensch.

m) Doris räumt gerne auf und putzt auch gerne. Sie ist eben ein _____ Mensch.

n) Herbert ist sehr groß, seine Frau aber ist sehr _____.

o) Harald ist sehr dick, sein Vater aber ist sehr _____.

p) Sabine ist ruhig, Petra aber ist _____.

q) Heinz ist fleißig, sein Bruder aber ist _____.

r) Helmut ist ängstlich, Roland aber ist _____.

Stufe 1

27. Endlich ist mein Mann zu Hause

Setzen Sie ein.

> frei – Küche – Rente – Steckdosen – sparen – backe – Chef – Zettel – regierte – leider – welche – nur – anstrengend – letzte – Mann – Haushalt

Herr Bauer, 64, war Möbelschreiner. Vor einem Jahr ist er in _Rente_ gegangen. Was tut ein Mann, wenn er endlich nicht mehr arbeiten muss? Er wird _____ im Haus, wo vorher die Frau _____. Wie das aussieht, erzählt (nicht ganz ernst) Frau Bauer.

So lebte ich, bevor mein Mann Rentner wurde: Neben dem _____ hatte ich viel Zeit zum Lesen, Klavier spielen und für alle anderen Dinge, die Spaß machen. Mit meinem alten Auto (extra für mich) fühlte ich mich _____. Ich konnte damit schnell ins Schwimmbad, in die Stadt zum Einkaufen oder zu einer Freundin fahren.

Heute ist das alles anders: Wir haben natürlich nur noch ein Auto. Denn mein Mann meint, wir müssen jetzt _____, weil wir weniger Geld haben. Deshalb bleibt das Auto auch meistens in der Garage. Meine Einkäufe mache ich jetzt mit dem Fahrrad oder zu Fuß. Ziemlich _____, finde ich. Aber gesund, meint mein Mann. In der _____ muss ich mich beeilen, weil das Mittagessen um 12 Uhr fertig sein muss. Ich habe _____ noch selten Zeit, morgens die Zeitung zu lesen. Das macht jetzt mein _____. Während er schläft, _____ ich nach dem Mittagessen noch einen Kuchen (mein Mann findet den Kuchen aus der Bäckerei zu teuer) und räume die Küche auf.

Weil ihm als Rentner seine Arbeit fehlt, sucht er jetzt immer _____. Er schneidet die Anzeigen der Supermärkte aus der Zeitung aus und schreibt auf einen _____, wo ich was am billigsten kaufen kann. Und als alter Handwerker repariert er natürlich ständig etwas: _____ Woche einen alten Elektroofen und fünf _____. Oder er arbeitet im Hof und baut Holzregale für das Gästezimmer unter dem Dach. Ich finde das eigentlich ganz gut. Aber _____ braucht er wie in seinem alten Beruf einen Assistenten, der tun muss, was er sagt. Und dieser Assistent bin jetzt ich ... Eine Arbeit muss der Rentner haben!

Quelle: H. Aufderstraße u. a.: Themen 2, Lehrwerk für Deutsch als Fremdsprache. Kursbuch. München 1984.

28. Verben, die mit „ab-" beginnen

Setzen Sie ein.

> abbiegen – abgeflogen – abgeben – abgemeldet – ~~abheben~~ – abstimmen – abtrocknen – hängt ... ab – lehne ... ab – abzuschließen

a) Bevor du wegfährst, musst du noch Geld _abheben_.

b) An der nächsten Ampel müssen wir nach rechts _____.

c) Ich _____ es _____, immer wieder über diese Dinge zu diskutieren.

d) Er hat seine Tochter vom Englischkurs _____.

e) Ich komme im Auftrag von Frau Frank und soll bei Ihnen dieses Paket _____.

j) Ich schlage vor, dass wir über diesen Punkt noch einmal _____.

g) In München sind wir schon mit zwei Stunden Verspätung _____.

h) Ich glaube, ich habe vergessen, das Auto _____.

i) Wie in dieser Sache entschieden wird, _____ nicht von ihm _____.

j) Man kann doch das Geschirr nicht mit einem nassen Handtuch _____!

29. Verben, die mit „an-" beginnen

Setzen Sie ein.

> anfassen – anmelden – war ... an – streng dich ... an – zeige ... an – dich ... anziehen – ~~angeboten~~ – angestrengt – angezogen – fing ... an

a) Man hat ihr eine gut bezahlte Stelle in Australien _angeboten_.

b) Die Reise hat sie sehr _____.

c) Im Wohnzimmer _____ die ganze Nacht das Licht _____.

d) Wenn Sie noch einmal vor meiner Ausfahrt parken, _____ ich Sie _____.

e) Die Tassen waren so heiß, dass man sie nicht _____ konnte.

f) Unsere Reise _____ gleich mit einer Panne _____.

g) Du musst _____ viel wärmer _____, sonst erkältest du dich.

h) Ich möchte ein Ferngespräch nach Mailand _____.

i) Ich habe ihm gleich warme Strümpfe _____, damit er sich nicht erkältet.

j) Das ist doch gar nicht so schwierig. Nun _____ _____ mal ein bisschen mehr _____!

Stufe 1 25

30. Verben, die mit „auf-" beginnen

Wie heißen die Verben?

a) Als der Mann anfing zu singen, *forderte* ihn der Wirt zum Verlassen der Wirtschaft *auf*.
b) Können Sie einen kleinen Moment auf meinen Koffer *aufpa____n*?
c) Sie lag am Boden und konnte nicht mehr *aufst____n*.
d) Die meisten Cafés *ma____n* hier schon am Vormittag *auf*.
e) Wenn *h__t* die Vorstellung *auf*?
f) Die Quittung müssen Sie gut *aufhe___n*.
g) Soll ich Ihnen meine Adresse *aufschr_____n*?
h) Ruf auf jeden Fall gleich nach deiner Ankunft an, sonst *r__t* sich deine Mutter wieder *auf*.

31. Verben, die mit „aus-" beginnen

Setzen Sie ein.

> sprechen ... aus – sieht ... aus – ~~ausgestellt~~ – ausgepackt – ausgefüllt – gehen ... aus – ausgesucht – ausrechnen – ausschließen – ist ... aus – ausstellen – sich ... ausruhen.

a) Unsere neuesten Modelle haben wir im Schaufenster *ausgestellt*.
b) Heute Abend _____ wir _____. Wir wollen uns ein Rockkonzert anhören.
c) Sie _____ das Wort falsch _____.
d) Du hast ja deinen Koffer immer noch nicht _____!
e) Sie sollten _____ erst einmal etwas _____.
f) Sie _____ genauso _____ wie ihre Schwester.
g) Ich muss mir einen neuen Pass _____ lassen.
h) Haben Sie das Formular schon _____?
i) Eine solche Möglichkeit kann man nie ganz _____.
j) Kannst du mal _____, wie viel das mehr kosten würde?
k) Ich habe für dich einen Jogginganzug _____. Hoffentlich gefällt er dir.
l) Samstags _____ die Schule schon um 12 Uhr _____.

26 Stufe 1

32. Nomen, die mit „A" beginnen

Setzen Sie ein.

> ~~e Abteilung~~ – e Absicht – e Achtung – s Alter – e Ampel – e Anmeldung – r Anruf – e Apotheke – r Appetit – r Arm

a) Er arbeitet in der *Abteilung* „Allgemeine Verwaltung".
b) Ich habe _____ auf ein großes Steak.
c) Endlich ist auch an die Kreuzung eine _____ gekommen.
d) Er hat sich den rechten _____ gebrochen.
e) Er ist im _____ sehr konservativ geworden. Er ist jetzt gegen jede Änderung.
f) Ich komme in einer Viertelstunde. Ich erwarte noch einen _____ aus Düsseldorf.
g) Ist hier in der Nähe eine _____ ?
h) Viele Organisationen kämpfen für die _____ der Menschenrechte.
i) Ich habe die _____, nach dem Abitur Chemie zu studieren.
j) Wo kann ich die Formulare für die _____ bekommen?

> r Arbeiter – e Art – e Aufmerksamkeit – ~~s Auge~~ – s Ausländeramt – e Aussicht – r Ausweis – e Autobahn – r Autofahrer – r Automat

a) Er hat bei dem Unfall ein *Auge* verloren.
b) Von hier oben hat man eine herrliche _____.
c) Wir liefern schnell und preiswert Ersatzteile aller _____.
d) Jeder _____ muss einen Verbandskasten in seinem Wagen haben.
e) Darf ich mal Ihren _____ sehen?
f) Auf dem Gang ist ein Getränke_____.
g) Darf ich einen Augenblick um Ihre _____ bitten?
h) Man hat mich aufs _____ bestellt.
i) Das Haus liegt direkt an der _____.
j) Beruf: _____.

Stufe 1

33. Adjektive und Adverbien, die mit „a" beginnen

Setzen Sie ein.

> abhängig – ähnlich – aktiv – allmählich – allerdings – anderes – angeblich – angenehme

a) Ich habe es dann doch getan, _allerdings_ nur sehr ungern.

b) Die beiden sehen sich wirklich zum Verwechseln _____.

c) Sie hat Ihr Schreiben _____ nicht bekommen.

d) Diese Länder sind von Ölimporten _____.

e) Ich möchte gern mal wieder etwas _____ essen als immer nur Kartoffeln und Sauce.

f) Frau Weiß ist im Verein sehr _____.

g) Er hat eine _____ Tätigkeit im Büro.

h) Nach der Spritze beruhigte sich die Patientin _____.

> anfangs – ängstlich – anscheinend – aufmerksam – augenblicklich – ausnahmsweise – ausreichende – automatische

a) Wenn du nicht _augenblicklich_ still bist, werde ich sehr böse.

b) Ich mache Sie darauf _____, dass wir in einer Stunde schließen.

c) Bedingung: Abgeschlossene Berufsausbildung und _____ Englischkenntnisse.

d) Diese voll _____ Kamera kann ich Ihnen sehr empfehlen.

e) Die Mutter zu ihrem achtjährigen Sohn: _____ darfst du heute etwas länger aufbleiben.

f) _____ hat er unser Schreiben bis heute nicht bekommen.

g) Sei doch nicht so _____! Der Hund tut dir doch nichts!

h) _____ ging alles ganz gut, aber dann kam eine Schwierigkeit nach der anderen.

Stufe 2

1. Was passt wo? (Adjektive)

Merken Sie sich möglichst viele von den 24 Wörtern. Ordnen Sie sie zuerst in Gruppen (1 Gruppe = 4 Wörter). Sie werden sehen, mit System geht das Lernen viel leichter.

demokratisch	kostenlos	rot	freundlich
teuer	warm	dick	billig
~~braun~~	großzügig	liberal	groß
ehrlich	kühl	klein	gelb
kalt	politisch	zuverlässig	dünn
preiswert	blau	heiß	sozialistisch

Farben	braun			
Charakter-eigenschaften				
Temperaturen				
Menschlicher Körper				
Politik				
Geld				

2. Gegensätze

Ein Adjektivpaar passt nicht. Welches?

Beispiel: richtig/falsch – ~~schwer/stark~~ – nah/weit – klein/groß

a) teuer/billig – faul/fleißig – spät/selten – langsam/schnell
b) dumm/berühmt – schmal/breit – dick/dünn – lustig/traurig
c) nass/trocken – schön/hässlich – leicht/schwer – böse/ärgerlich
d) gesund/krank – kurz/lang – voll/leer – fett/kräftig
e) hart/weich – positiv/negativ – hell/dunkel – wunderbar/elegant
f) laut/leise – waagerecht/senkrecht – fremd/neu – anwesend/abwesend
g) müde/stark – bequem/unbequem – viel/wenig – weiß/schwarz
h) gut/schlecht – sauber/schmutzig – fein/lieb – tot/lebendig
i) höflich/unhöflich – kaputt/ganz – modern/unmodern – treu/verwandt

3. Streik der Vokale

Hier fehlen bei den meisten Wörtern die Vokale. Ergänzen Sie.

a) Meinetwegen k_a_nnst d_u_ m_a_ch_e_n, was d_u_ w_i_llst.
b) _I_ch fürchte, d_e_r Z_a_hn m_u_ss gezogen w_e_rd_e_n.
c) D_ie_ Str_a_ße führt quer d_u_rch d_e_n W_a_ld.
d) M_ei_n_e_ M_a_sch_i_n_e_ fliegt _i_n einer St_u_nd_e_.
e) Als w_i_r losfuhren, w_a_r bl_aue_r H_i_mm_e_l.
f) D_e_r P_u_ll_o_v_e_r _i_st aus reiner W_o_ll_e_.
g) H_e_rr Ober, d_a_s Hähnchen _i_st n_o_ch h_a_lb roh.
h) Sie k_o_mmt wohl m_o_rg_e_n hierher.
i) Geld b_e_d_eu_t_e_t M_a_cht.

Hier fehlen bei allen Wörtern die Vokale. Ergänzen Sie.

a) _I_ch w_u_sst_e_ g_a_r n_i_cht, d_a_ss d_u_ s_o_ sp_o_rtl_i_ch b_i_st!
b) _A_m W_o_ch_e_n_e_nd_e_ f_a_hr_e_n w_i_r _i_n_s_ L_a_nd.
c) H_o_ff_e_ntl_i_ch r_e_gn_e_t _e_s m_o_rg_e_n n_i_cht!
d) S_ei_t w_a_nn l_e_rn_e_n S_ie_ D_eu_tsch?
e) Bl_ei_b d_o_ch n_o_ch _ei_n b_i_ssch_e_n!
f) _I_ch g_eh_ j_e_tzt _i_ns B_e_tt.

Und jetzt stehen alle Wörter ohne Abstand nebeneinander. Ergänzen Sie die Vokale und setzen Sie Trennstriche zwischen die einzelnen Wörter.

a) D_a_s|K_o_nz_e_rt|f_i_nd_e_t|_e_rst|m_o_rg_e_n|st_a_tt.
b) G__bm__rb__tt__d__sW__rt__rb__ch!
c) H__b__nS__g__tg__schl__f__n?
d) __chh__b__k____n__L__stm__hr!
e) H__std__h____t__Z____t?
f) W__w__hnstd__d__nn?

4. Zeitangaben

Ergänzen Sie: *am, den, der, im, in, nach, seit, um, vor, zwischen*. (Manchmal darf nicht ergänzt werden.)

a) Wann fährst du in Urlaub? – ____*In*____ zwei Wochen.
b) Wann ist Peter denn gegangen? – _____ zehn Minuten.
c) Wir beide arbeiten schon _____ 14 Jahren in derselben Firma.
d) Dann treffen wir uns also morgen Nachmittag _____ vier Uhr.
e) Die Sommerferien beginnen dieses Jahr schon _____ Juni.
f) In der Woche _____ Weihnachten und Neujahr bleibt unser gesamtes Büro geschlossen.
g) Hier sind schon mal 50 Euro, den Rest zahle ich dir _____ nächste Woche mit Sicherheit zurück.
h) Wann beginnt der Film? – _____ zehn Minuten.
i) Wir hatten _____ Winter Temperaturen von bis zu –25° C.
j) Voriges Jahr ist schon _____ Mitte Oktober Schnee gefallen.
k) Wann ist Konrad Adenauer gestorben? – Ich glaube _____ 1967.
l) Ist es schon zehn Uhr? – Es ist schon Viertel _____ zehn.
m) Heute ist Dienstag, _____ 3. Januar.

Stufe 2   31

(Fortsetzung von Seite 31)

Ergänzen Sie: *am, den, der, im, in, nach, seit, um, vor, zwischen*. (Manchmal darf nicht ergänzt werden.)

n) Ich habe ihn _____ zwei Monaten zum letzten Mal gesehen.

o) Ich habe ihn _____ ersten Moment gar nicht wieder erkannt.

p) _____ späten Nachmittag ist der Verkehr besonders stark.

q) Heute haben wir _____ 12. April.

r) Ich fahre _____ kommende Woche nach Köln.

s) Er ist abgereist, ohne sich zu verabschieden, und hat uns erst _____ vielen Wochen geschrieben.

t) Johann Wolfgang von Goethe wurde _____ 28. August 1749 in Frankfurt am Main geboren.

u) Nähere Einzelheiten werden wahrscheinlich _____ heute Abend bekannt gegeben.

5. Welches Nomen passt nicht?

Jeweils zwei Nomen haben gleiche oder ähnliche Bedeutung.

r Ausweis, -e
r Pass, ¨e
s ~~Formular~~, -e

a) e Direktion, -en
   e Firma, Firmen
   r Betrieb, -e

b) r Dank
   r Gedanke, -n
   e Idee, -n

c) s Gespräch, -e
   e Unterhaltung, -en
   e Verwaltung, -en

d) e Innenstadt, ¨e
   e Stadtmitte
   r Stadtplan, ¨e

e) e Achtung
   e Entschuldigung, -en
   e Verzeihung

f) r Zufall, ¨e
   s Unglück
   r Unfall, ¨e

g) r Lehrer, -
   e Ausbildung
   e Lehre

h) s Ende
   r Schluss
   r Gruß, ¨e

i) r Augenblick, -e
   r Ausdruck, ¨e
   r Moment, -e

j) r Raum, ¨e
   s Zimmer, -
   e Wohnung, -en

k) e Stelle, -n
   s Werk, -e
   r Platz, ¨e

l) e Einfahrt, -en
   r Eingang, ¨e
   s Einkommen, -

m) r Ausgang, ¨e
r Anfang, ¨e
r Beginn

n) s Gasthaus, ¨er
s Ferienhaus, ¨er
s Wochenendhaus, ¨er

6. Reflexive Verbformen

Setzen Sie ein.

> sich … abtrocknen – ~~sich … anmelden~~ – uns … ausgezogen – mir … bestellt – sich … entscheiden – sich … erfüllt – sich … erhöht – mir … geliehen – dir … geputzt – sich … getrennt – mich … hinsetzen – informierte sich – sich schützen – stellte sich – unterscheiden sich – sich … verlassen – sich … verschlechtert – mir … waschen – wünscht sich

a) Sie müssen _____sich_____ innerhalb von zwei Wochen bei der Polizei _anmelden_.

b) Ihr Gesundheitszustand hat _____ weiter _____.

c) Er _____ _____ direkt neben sie.

d) Peter _____ _____ zum Geburtstag einen neuen Fußball.

e) Ich habe _____ eine Tasse Kaffee _____.

f) Die Parteiprogramme _____ _____ kaum noch.

g) Bis Juni müssen Sie _____ endgültig _____.

h) Der macht das schon; auf den können Sie _____ absolut _____.

i) Gibt es hier nichts, woran man _____ die Hände _____ kann?

j) Mir ist schlecht. Ich muss _____ einen Moment _____.

k) Nach dreijähriger Ehe haben _____ die beiden _____.

l) Hast du _____ auch wirklich die Zähne _____?

m) Ich habe _____ von ihr 100 Mark _____.

n) Die Zahl der Unfälle hat _____ inzwischen auf über 12 pro Monat _____.

o) Seine Hoffnungen haben _____ nicht _____.

p) Der Journalist _____ _____ über die neuesten Ereignisse in der Krisenregion.

q) Gegen Kälte kann man _____ _____, gegen Hitze nicht.

r) Wir haben _____ sofort _____ und sind ins Bett gegangen.

s) Ich habe _____ das Haar _____ und schneiden lassen.

Stufe 2

7. Silbentausch: Adjektive und Adverbien

Setzen Sie die vertauschten Silben richtig zusammen (ß = ss).

Beispiel: Nach der Zollkontrolle war in meiner Tasche alles EIN/DER/DURCH/AN (*durcheinander*).

a) Die Preise steigen in diesem Jahr um LICH/SCHNITT/DURCH (_____) 2%.
b) Damit ist das Problem END/TIG/GÜL (_____) gelöst.
c) Laut Grundgesetz sind Mann und Frau BE/GLEICH/TIGT/RECH (_____).
d) Auf dem Schreibtisch sah es sehr OR/UN/LICH/DENT (_____) aus.
e) Ich benutze gern die EN/ÖF/LICH/FENT (_____) Verkehrsmittel.
f) Sie arbeitet NE/BEI/BEN (_____) als Übersetzerin.
g) Die Prüfung besteht aus einem LICH/EN/MÜND (_____) und einem EN/LICH/SCHRIFT (_____) Teil.
h) Ob er nun kommt oder nicht, ich bleibe FALLS/DEN/JE (_____) zu Hause.
i) Er hat sein ES/SAMT/GE (_____) Kapital in ein Geschäft gesteckt.
j) Er ist ein ER/ZÜ/GROSS/GIG (_____) Mensch.
k) Diese Frage ist von GRUND/ER/LICH/SÄTZ (_____) Bedeutung.
l) Um 18 Uhr ist er NOR/WEI/SE/MA/LER (_____) zu Hause.
m) Herzlich MEN/KOM/WILL (_____) in Frankfurt!
n) Ich esse am liebsten GE/RISCH/VE/TA (_____).
o) Ich habe VER/LICH/GEB (_____) versucht, dich zu erreichen.
p) Haben Sie die Tabletten auch GEL/SSIG/MÄ/RE (_____) genommen?
q) Nur FÄHR/UN/GE (_____) 40 Personen waren zu der Veranstaltung gekommen.
r) Haben Sie FÄL/ZU/LIG (_____) noch die Süddeutsche Zeitung vom Dienstag?
s) Die Klassen sind sehr groß, so dass sich die Lehrer nicht um jeden ZEL/NEN/EIN (_____) Schüler kümmern können.
t) Ich hoffe, Sie sind mit diesem Vorschlag VER/EIN/DEN/STAN (_____).
u) Er konnte sich TER/HIN/HER (_____) nicht mehr daran erinnern, aus welcher Richtung das Auto gekommen war.

8. Was passt wo?

Setzen Sie ein.

> Werbung – Notruf – Aufzug – Nebel – Fieber – Demokratie – Dach – Margarine – Lehrer – Regen – Freiheit – Erdgeschoss – Import – Schnee – Sonderfahrt – Bürgermeister – Auf Wiederhören! – Haltestelle – Bundespräsident – WC – Zeugnis – Wunde – Umleitung – Stock – Vorwahl – Export – Frieden – Stau – Demonstration – Teppich – Salat – Klassenzimmer – Tankstelle – Dusche – Salbe – Schokolade – Höchstgeschwindigkeit – Staatsangehörigkeit – Mieter – Ferngespräch – Unterricht – Doktor – Gewitter – Einbahnstraße – Sahne – Sitze *(im Parlament)* – Bundesstraße – Gewinn

a) Wetter
Nebel

b) Schule

c) Politik

d) Handel/Wirtschaft

e) Medizin

f) Verkehr

g) Telefon

h) Essen

i) Haus/Wohnung

9. Welcher Subjunktor passt?

> **Beispiel:** Stell die Milch in den Kühlschrank, _damit_ sie nicht sauer wird.
> ☐ bis   ☒ damit   ☐ weil

a) Ich kann leider nicht mitkommen, _____ ich einen Termin beim Arzt habe.
   ☐ obwohl   ☐ damit   ☐ weil

b) _____ sie aus dem Haus gehen wollte, klingelte plötzlich das Telefon.
   ☐ Als   ☐ Seit   ☐ Wenn

c) _____ ich das Formular ausfüllte, las der Beamte in einem Kriminalroman.
   ☐ Wenn   ☐ Nachdem   ☐ Während

d) Immer _____ er nach Hause kam, stand das Essen schon auf dem Tisch.
   ☐ wenn   ☐ als   ☐ ob

e) _____ du so stark erkältet bist, solltest du am besten zu Hause bleiben.
   ☐ Bis   ☐ Solange   ☐ Obwohl

f) _____ Sie ein Haus kaufen wollen, sollten Sie sich am besten an einen Makler wenden.
   ☐ Als   ☐ Wenn   ☐ Ob

g) _____ ich unterschreibe, möchte ich noch mehr Einzelheiten wissen.
   ☐ Bevor   ☐ Seit   ☐ Als

h) _____ du ihn darum gebeten hättest, hätte er dir sicher geholfen.
   ☐ Weil   ☐ Während   ☐ Wenn

i) _____ er aufwachte, war es schon spät am Morgen.
   ☐ Wenn   ☐ Als   ☐ Falls

j) Denken Sie daran, noch die Postleitzahl auf das Paket zu schreiben, _____ sie es abschicken.
   ☐ dass   ☐ bevor   ☐ ohne dass

10. Zehn nichttrennbare Verben

Setzen Sie ein.
Verben mit den Vorsilben *be-, ent-, er-, ge-, miss-* und *ver-* können nicht getrennt werden.

> ~~besteht~~ – bestimmen – beziehen uns – sich … entschließen – entstanden – sich … entwickelt – erkundige mich – gehört – missverstanden – sich … verspätet

a) Unsere Firma _besteht_ übrigens genau 250 Jahre.

36 Stufe 2

b) Wie jeden Morgen hatte er _____ um eine halbe Stunde _____.

c) Durch das Hochwasser sind große Schäden _____.

d) _____ dieses Dorf noch zum Kreis Rosenheim?

e) Aus einem Brief: Sehr geehrte Damen und Herren, wir _____ _____ auf Ihr Schreiben vom 17. März.

f) Unsere Beziehungen zu den USA haben _____ gut _____.

g) Das kann ich nicht allein _____.

h) Sie haben mich _____. Es ging mir um etwas ganz anderes.

i) Gehen Sie schon voraus, ich _____ _____ nur noch schnell nach einem Zug.

j) Er konnte _____ nur sehr schwer zu diesem Schritt _____.

11. Acht trennbare Verben

Setzen Sie ein.

> zündete ... an – aufgegeben – aufgeben – ~~eingerichtet~~ – ausgemacht – machen ... aus – aus ist – fällt ... ein – umsteigen – sind ... zu

a) Er hat sich im Keller einen Hobbyraum _eingerichtet_.

b) Sieh mal bitte nach, ob das Feuer _____ _____.

c) An Sonn- und Feiertagen _____ die Geschäfte _____.

d) Er setzte sich auf den Stuhl und _____ sich eine Zigarette _____.

e) Mir _____ der Titel des Buches nicht mehr _____.

f) _____ Sie bitte das Licht _____!

g) Wenn Sie jetzt _____, war alles umsonst.

h) In Köln müssen wir in einen D-Zug nach Aachen _____.

i) Hast du unser Gepäck schon _____?

j) Hast du schon einen Termin mit ihm _____?

12. Arbeit und Beruf I

Setzen Sie ein. (Achtung! Bringen Sie nun auch die Verben, Nomen und Adjektive in die richtige Form.)

> anstrengend e Arbeit s Arbeitsamt, ¨-er r Beamte, -n r Betriebsrat, ¨-e einstellen entlassen erledigen r Auszubildende, -n e Mitbestimmung

a) Der Meister kümmert sich um die __Auszubildenden__.
b) Wenn wir keine Aufträge bekommen, muss ein Teil der Arbeiter _____ werden.
c) Die drei größten Berufsgruppen sind: Arbeiter, Angestellte und _____.
d) In industriearmen Gebieten ist es schwer, _____ zu finden.
e) Das _____ konnte mir leider auch keine Stelle vermitteln.
f) Fräulein Müller hat die Gewohnheit, morgens zuerst die Post zu _____.
g) Der _____ wird von den Arbeitnehmerinnen und Arbeitnehmern gewählt.
h) In dieser Abteilung sind 2 Sekretärinnen neu _____ worden.
i) Die Gewerkschaft fordert mehr _____ in den Betrieben.
j) Für diese _____ Tätigkeit erscheint mir sein Gehalt zu niedrig.

> berufstätig sich bewerben e Kenntnis, -se e Sekretärin, -nen e Leistung, -en r Mitarbeiter, - streiken r Tarifvertrag, ¨-e r Urlaub verdienen

a) Darf ich Ihnen unseren neuen __Mitarbeiter__, Herrn Schulze, vorstellen?
b) Ist Ihre Frau ebenfalls _____?
c) Die Metallarbeiter _____ für höhere Löhne und bessere Arbeitsbedingungen.
d) Die tägliche Arbeits_____ in diesem Werk ist sehr hoch.
e) Ein Facharbeiter _____ natürlich mehr als ein Hilfsarbeiter.
f) Er hat _____ bei mehreren Firmen um eine Stellung als Ingenieur _____.
g) Die meisten Arbeitnehmer haben mehr als 30 Tage _____ im Jahr.
h) In diesem Beruf braucht man sehr gute Sprach_____.
i) Sie arbeitet als _____ bei einer großen Versicherungsgesellschaft.
j) Unsere Gewerkschaft hat den _____ zum Jahresende gekündigt.

13. Was gehört zusammen?

a)

1	Weißt du, ob Peter	a	Ja, das passt mir gut.			1	e
2	Ich hoffe,	b	nichts mehr von sich hören lassen.			2	
3	Ich wünsche Ihnen ein schönes Wochenende.	c	Ich finde, die passt überhaupt nicht zu deiner Jacke.			3	
4	Wenn du Susanne siehst,	d	ist mir schlecht geworden.			4	
5	Brigitte hat schon lange	e	die Prüfung bestanden hat?			5	
6	Tun Sie doch nicht so,	f	zieht.			6	
7	Soll ich diese Krawatte nehmen?	g	dann grüße sie bitte von mir!			7	
8	Kannst du morgen Nachmittag um drei kommen?	h	Danke, gleichfalls!			8	
9	Auf der langen Fahrt	i	als ob Sie das nicht wüssten!			9	
10	Kannst du bitte das Fenster zumachen? Es...	j	du bist mir nicht mehr böse.			10	

b)

1	Na, wie findest du meinen neuen Mantel?	a	Ja, gleich um die Ecke rechts.			1	e
2	Die Telefonistin sagte:	b	Soviel ich weiß, in einer Woche.			2	
3	Was gibt's Neues?	c	Bitte, bitte. Gern geschehen!			3	
4	Er rief den Ober und sagte:	d	Nur ein paar Drucksachen.			4	
5	Wissen Sie, wann Herr Maier zurückkommt?	e	Er steht dir wirklich sehr gut.			5	
6	Gibt es hier in der Nähe eine Reinigung?	f	Am besten hier in die Ecke.			6	
7	Ist Post gekommen?	g	Nichts Besonderes.			7	
8	Glauben Sie, dass dieser Plan realisiert werden kann?	h	Zahlen, bitte!			8	
9	Wohin kommt der Schrank?	i	Bleiben Sie bitte am Apparat!			9	
10	Vielen Dank für Ihre Hilfe!	j	Meiner Meinung nach ist das zwar schwierig, aber nicht unmöglich.			10	

14. Welches Wort passt?

Beispiel: Er kommt nicht heute, _sondern_ erst übermorgen.
☐ aber ☒ sondern ☐ oder

a) Wir müssen uns beeilen, _____ kommen wir zu spät.
☐ sonst ☐ nämlich ☐ jedoch

b) Er wusste, dass es verboten war, aber er tat es _____.
☐ vor allem ☐ trotzdem ☐ außerdem

c) Ich will mir ein neues Auto kaufen. _____ muss ich jetzt jeden Cent sparen.
☐ Denn ☐ Deshalb ☐ Und

d) Sie können entweder sofort zahlen, _____ wir schicken Ihnen die Rechnung zu.
☐ oder ☐ auch ☐ sonst

e) Ich habe ihm mindestens fünfmal geschrieben, er hat _____ nie geantwortet.
☐ vor allem ☐ denn ☐ jedoch

f) Ich gehe grundsätzlich zu Fuß ins Büro. Das ist billiger und _____ auch gesünder.
☐ außerdem ☐ zwar ☐ trotzdem

g) Warum sollten wir unsere Methode ändern? _____ hat doch alles immer geklappt.
☐ Aber ☐ Daher ☐ Bisher

h) Sie ist nicht nur hübsch, _____ auch intelligent.
☐ sondern ☐ sonst ☐ oder

i) _____ die Regierung _____ die Opposition sind gegen dieses Projekt.
☐ Zwar ☐ Je ☐ Sowohl ☐ als auch ☐ denn ☐ aber

j) Er spricht _____ Deutsch _____ Englisch.
☐ sowohl ☐ entweder ☐ weder ☐ noch ☐ desto ☐ und

15. Rätsel

Suchen Sie alle Wörter, die mit *B* beginnen (waagerecht und senkrecht).

B	E	I	N	B	B	B	B	A	D	E	N
B	A	B	Y	A	E	B	L	B	B	I	S
E	B	E	A	N	T	R	A	G	E	N	B
A	E	D	B	K	R	E	U	B	W	B	B
N	B	E	R	G	I	N	B	S	E	B	E
T	R	U	O	B	E	N	B	B	I	E	R
W	B	T	T	B	B	E	A	N	S	W	I
O	B	E	D	I	E	N	E	N	E	E	C
R	E	N	B	L	U	T	E	N	N	G	H
T	V	B	E	D	A	R	F	B	B	E	T
E	O	E	B	A	U	E	N	B	B	N	E
N	R	B	B	E	H	A	U	P	T	E	N

Waagerecht
Bein, bei

Senkrecht
beantworten

16. Rätselwörter

Alle gesuchten Wörter enden auf *-land*.

a) Große Insel im Nordatlantik
b) Gegenteil von *Inland*
c) Skandinavischer Staat
d) Deutsche Insel in der Nordsee
e) Baden-Württemberg ist ein…
f) Dort leben die Deutschen
g) Staat auf dem Balkan
h) Gegenteil von Agrarland

						I	S	L	A	N	D
								L	A	N	D
								L	A	N	D
								L	A	N	D
								L	A	N	D
								L	A	N	D
								L	A	N	D
								L	A	N	D

17. Sie sind doch hoffentlich gesund!

Setzen Sie ein.

> e Apotheke, -n   s Fieber   e ~~Klinik~~, -en   krank   r Kranke, -n   e Krankheit, -en   e Krankenkasse, -n   e Krankenschwester, -n   r Krankenwagen, -   e Lebensgefahr
> e Medizin   e Pille, -n   e Praxis, Praxen   s Rezept, -e   schlimm   die Schmerzen (Plural)
> r Tropfen, -   untersuchen   e Versichertenkarte, -n   weh tun

a) Wie lange musstest du nach der Operation noch in der _____Klinik_____ bleiben?

b) Du solltest dich unbedingt mal von einem Facharzt _____ lassen.

c) Der Frauenarzt hat Frau Woll geraten, die _____ zu nehmen.

d) Sie leidet an einer schweren _____.

e) Die _____ von Dr. Müller ist heute geschlossen. Er hat erst morgen Nachmittag wieder Sprechstunde.

f) Der Patient ist jetzt außer _____.

g) Er hat eine schwere Erkältung und fast 40° _____.

h) Mein Kollege hat sich für heute _____ gemeldet.

i) Ich gehe nur schnell in die _____ und hole die Tabletten, die mir der Arzt verschrieben hat.

j) Du brauchst keine Angst zu haben; die Spritze _____ überhaupt nicht _____.

k) Vergiss nicht, deine _____ mitzunehmen, wenn du zum Arzt gehst.

l) Dieses Medikament gibt es nur auf _____.

m) Ich kann mich vor _____ kaum noch bewegen.

n) Meine Nichte arbeitet als _____ in einem Münchner Krankenhaus.

o) Der _____ hat viel leiden müssen.

p) Die Wunde sieht wirklich _____ aus; sie muss sofort genäht und verbunden werden.

q) Meine älteste Tochter will _____ studieren.

r) Die Kosten für die Operation und den Krankenhausaufenthalt trägt die _____.

s) Ich frage mich, wozu diese _____ überhaupt dienen sollen; meine Nase läuft genauso wie vorher.

t) Die Verletzte war schon tot, als der _____ mit dem Notarzt kam.

18. Silbentausch: Nomen

Setzen Sie die vertauschten Silben richtig zusammen (ß = ss).

Beispiel: Ich habe meiner Mutter zum GE/TAG/BURTS (_Geburtstag_) ein schönes buntes Kopftuch geschenkt.

a) In einer Demokratie sind Kunst und SEN/SCHAFT/WIS (_____) frei.

b) Kannst du mir für meine Geburtstagsparty deinen SET/KAS/TEN/DER/RE/COR (_____) leihen?

c) Dieses Gebäude ist GEN/TUM/EI (_____) der Stadt München.

d) Mein Enkel träumt schon seit langem von einer schicken DER/JAK/LE/KE (_____).

e) Bitte schicken Sie nur Kopien, keine GI/NA/ORI/LE (_____).

f) Im Unterschied zum Großhandel wird beim ZEL/DEL/EIN/HAN (_____) direkt an den Verbraucher verkauft.

g) Das neue Kursbuch bekommen Sie in jedem amtlichen BÜ/SE/REI/RO (_____).

h) Häng deine Kleider bitte in den SCHRANK/DER/KLEI (_____).

i) Haben Sie zufällig noch einen LEN/KA/DER (_____) vom letzten Jahr?

j) Ich habe alles so gemacht, wie es in der WEI/GE/AN/BRAUCHS/SUNG (_____) steht.

k) Ich habe vorhin mit deinen EL/GROSS/TERN (_____) telefoniert.

l) Kellner gibt's hier nicht. Das ist ein Restaurant mit DIE/BE/SELBST/NUNG (_____).

m) Auf DER/SE/WIE/HEN (_____) und gute Reise!

n) Eintritt für Kinder zwei Euro, für NE/WACH/ER/SE (_____) vier Euro.

o) Das Theater hat auf jeder Seite zwei GÄN/AUS/NOT/GE (_____).

p) Die LET/TE/TOI (_____) ist besetzt.

q) Bei einer PLO/EX/SION (_____) wurden in diesem Wohnblock mehrere Wohnungen völlig zerstört.

r) Ihren Mantel können Sie an der DE/BE/GAR/RO (_____) abgeben.

s) Die beiden Dinge stehen miteinander in keinem HANG/SAM/ZU/MEN (_____).

t) Unsere Kleine kommt jetzt im Herbst in den DER/TEN/KIN/GAR (_____).

u) Alle STE/PRO/TE (_____) gegen die politischen Zustände in diesem Land haben nichts genützt.

v) Wofür habt ihr euch eigentlich die SPÜL/GE/MA/NE/SCHI/SCHIRR (_____) gekauft? Ihr seid doch nur zu zweit.

w) In diesem STI/FOR/IN/SCHUNGS/TUT (_____) wird die Wirkung verschiedener giftiger Stoffe untersucht.

x) Er fuhr in einer UNG/ENT/FERN (_____) von 10 Metern an uns vorbei.

19. ...verhalten sich zueinander wie...

Beispiel   Stunde und Minute verhalten sich zueinander wie
  ☐ Zeit und Geld
  ☒ Wohnung und Wohnzimmer
  ☐ Monat und April

Wohnung und Wohnzimmer ist richtig, denn das Wohnzimmer ist ein Teil der Wohnung, so wie die Minute ein Teil der Stunde ist (Beispiel). Beim zweiten Wort handelt es sich hier also um einen Teil des Ganzen.

Bei den folgenden Beispielen geht es nicht nur um *Teil* und *Ganzes,* sondern z. B. auch um *Produzent* und *Produkt*.

...*verhalten sich zueinander wie*...

a) Wort und Buchstabe
  ☐ Dichter und Bibliothek
  ☐ Buch und Autor
  ☐ Besteck und Messer

b) Baum und Blätter
  ☐ Blume und Gras
  ☐ Auto und Rad
  ☐ Mund und Nase

c) Herbst und Winter
  ☐ Nachmittag und Vormittag
  ☐ Abend und Nacht
  ☐ Zukunft und Gegenwart

d) Spiegel und Glas
  ☐ Tisch und Stuhl
  ☐ Schrank und Holz
  ☐ Bauch und Rücken

e) Meer und Schiff
  ☐ Fluss und Wasser
  ☐ Tasse und Kaffee
  ☐ Luft und Flugzeug

f) Bäcker und Brot
 □ Journalist und Papier
 □ Schuhmacher und Leder
 □ Metzger und Wurst

g) Glück und Pech
 □ Blut und Gift
 □ Kostüm und Schmuck
 □ Maximum und Minimum

h) Fußball und Sport
 □ Hund und Tier
 □ Hand und Fuß
 □ Schwimmbad und Schwimmen

20. Wie heißt das Gegenteil?

Das Gegenteil von… *ist…*

1	e Wahrheit
2	r Erfolg
3	r Import
4	e Wärme
5	e Gesundheit
6	r Frieden
7	r Freund
8	r Anfang
9	r Eingang
10	r Arbeitnehmer
11	s Leben
12	r Vorteil
13	e Vergangenheit
14	e Ankunft
15	e Ausfahrt
16	e Liebe
17	r Gewinn
18	s Vertrauen

a	e Abfahrt
b	r Nachteil
c	e Zukunft
d	r Verlust
e	r Hass
f	r Export
g	e Lüge
h	r Misserfolg
i	s Ende
j	e Einfahrt
k	e Kälte
l	r Feind
m	e Krankheit
n	r Krieg
o	r Ausgang
p	r Arbeitgeber
q	r Tod
r	s Misstrauen

1	g
2	
3	
4	
5	
6	
7	
8	
9	
10	
11	
12	
13	
14	
15	
16	
17	
18	

Stufe 2

21. Wie heißen die zusammengesetzten Nomen (Komposita)?

Kugel-	wanne
Glück-	schmerzen
Wörter-	kehr
Kopf-	~~schreiber~~
Reihen-	stift
Bade-	wehr
Feuer-	folge
Fund-	buch
Blei-	büro
Rück-	wunsch

a) _Kugelschreiber_
b) _____
c) _____
d) _____
e) _____
f) _____
g) _____
h) _____
i) _____
j) _____

22. Was passt wo?

Setzen Sie ein.

> um eine besser bezahlte Stellung – die Pille – die Kundin zum Kauf einer Waschmaschine – ~~für den wertvollen Ring~~ – an einer Beschäftigung als Hausmeister – über ein aktuelles Thema – auf den Wetterbericht – um eine Verbesserung der Beziehungen – eine Freundin zum Urlaub in den Bergen – über Verwandte – gegen die Erklärung des Ministers – für den Hinweis – an einer Stelle als Praktikant – über Bekannte – seine Nichte zum Eintritt in den Tennisklub – für den freundlichen Empfang – auf den Fachmann – um eine sichere parlamentarische Mehrheit – ein Medikament – gegen die Betriebsleitung – an einer Führung durch die Ausstellung – Tabletten – auf die Mitarbeit der Teilnehmer – gegen die unrealistische Darstellung der Ereignisse in der Presse

a) sich _für den wertvollen Ring_ _____ bedanken

sich _____ bedanken

sich _____ bedanken

46 Stufe 2

b) sich _____ bemühen
   sich _____ bemühen
   sich _____ bemühen

c) sich _____ verlassen
   sich _____ verlassen
   sich _____ verlassen

d) _____ verschreiben
   _____ verschreiben
   _____ verschreiben

e) _____ interessiert sein
   _____ interessiert sein
   _____ interessiert sein

f) _____ protestieren
   _____ protestieren
   _____ protestieren

g) _____ überreden
   _____ überreden
   _____ überreden

h) _____ sprechen
   _____ sprechen
   _____ sprechen

Stufe 2

23. Auto und Verkehr

Setzen Sie ein.

> e Ampel, -n   e Autobahnstrecke, -n   e Automobilindustrie   r Benzinverbrauch   e Bundesstraße, -n   r Führerschein, -e   r Gang, ¨e   Gas geben   gebraucht   e Geschwindigkeit, -en   e Geschwindigkeitsbeschränkung, -en   r Kofferraum   die Kontrolle verlieren   e Kurve, -n   überqueren   r Unfall, ¨e   s Verkehrszeichen, -   e Vorfahrt

a) Na, bist zu mit deinem neuen Wagen zufrieden? – Sehr sogar. Vor allem mit dem _Benzinverbrauch_; er verbraucht weniger als 6 Liter.

b) Du hättest _____ _____ müssen, statt zu bremsen.

c) Sie ist mit viel zu hoher _____ über die Kreuzung gefahren.

d) Sie fahren hier diese Straße hinauf, und da oben an der zweiten _____ biegen Sie nach links in eine Einbahnstraße ab.

e) Die Straße war so steil, dass ich in den ersten _____ zurückschalten musste.

f) Diese Kreuzung ist furchtbar kompliziert. Ich weiß nie, wer hier eigentlich _____ hat.

g) Erst neulich ist hier ein schwerer _____ passiert.

h) Die _____ ist mitten in einer schweren Krise.

i) Hast du den Wagen neu oder _____ gekauft?

j) Was die _____ bedeuten, lernt man in der Fahrschule.

k) Diese Strecke ist sehr gefährlich. Sie sollten hier unbedingt die _____ beachten.

l) Auf Autobahnen ist oft mehr Verkehr als auf _____.

m) Er packte seinen Koffer und legte ihn dann in den _____.

n) Bei Rot dürfen Sie die Straße nicht _____.

o) Der Autofahrer hatte _____ über seinen Wagen _____ und war gegen einen Baum gefahren.

p) Er hat seine Brieftasche mit seinem Ausweis, seinen Schecks und seinem _____ verloren.

q) Auf dieser kurvenreichen _____ beträgt die Höchstgeschwindigkeit 120 Kilometer in der Stunde.

r) Diese Straße führt direkt an der Küste entlang und hat daher natürlich auch viele _____.

24. Adjektive

Enden die Adjektive auf *-ig, -lich, -isch, -los* oder *-bar*?

a) Schreib bitte deut*lich*!

b) Unser Sohn ist zwar erst sieben, glücklicherweise ist er aber schon sehr vernünft_____.

c) Zahlen Sie bargeld_____!

d) Ich habe häuf_____ Streit mit meiner Frau; wir haben leider nicht viele gemeinsame Interessen.

e) Von der Torte ist kein Stück mehr übr_____.

f) In Norddeutschland sind mehr als 50% der Bevölkerung evangel_____.

g) Sie litt so furcht_____ unter Heimweh, dass sie schon bald wieder nach Deutschland zurückkehrte.

h) Ich bin Ihnen für diesen Hinweis sehr dank_____.

i) Auf Fleischdosen steht immer, bis wann das Fleisch halt_____ ist.

j) Vorläuf_____ kannst du natürlich bei uns wohnen.

k) Die Miete ist immer am Monatsanfang fäll_____.

l) In unserer Abteilung arbeiten nur drei weib_____e Angestellte.

m) Ich habe mir gleich gedacht, dass die Pflanze gift_____ ist.

n) Es ist zu überlegen, wie die Arbeit gleichmäß_____ auf alle Mitarbeiter verteilt werden kann.

o) Hier ist gestern ein 4-jähr_____es Kind überfahren worden.

p) Ich halte es nicht für nöt_____, dass Herr Schmidt an unserem Gespräch teilnimmt.

q) Das ist die einz_____e Hoffnung, die euch noch bleibt.

r) Sie ist wie üb_____ zu spät gekommen.

s) Ihr Pass ist nur noch 5 Monate gült_____.

t) Für die Jahreszeit sind die Temperaturen zu niedr_____.

u) Man kann nicht alles gleichzeit_____ tun.

v) Wie gewöhn_____ hast du dir wieder mal den besten Platz ausgesucht.

w) Gemüt_____es, möbliertes Zimmer an alleinstehenden Herrn zu vermieten.

x) Der Patient wird schon seit Wochen künst_____ ernährt.

y) Mein Mann will, dass unsere Kinder kathol_____ erzogen werden.

z) Das Foto erscheint in der morg_____en Zeitung.

Stufe 2   49

25. Verben, die mit „s" beginnen

Setzen Sie ein.

> ~~sammeln~~ – sammeln – schadet – schaffen – geschafft – scheiden – gesendet – schicken – geschimpft – schlagen – schneiden – geschnitten – geschneit – gesunken – gesprungen – spülen – gestoppt – stört – streiten – stürzte

a) _Sammeln_ Sie auch Briefmarken?

b) Aus einem Kochrezept: Zwiebeln in kleine Stücke _____ und zusammen mit dem Fleisch braten.

c) An deiner Stelle würde ich den Brief als Einschreiben _____.

d) Der Rundfunk hat eben die Tagesnachrichten _____.

e) Wir müssen erst die Teller und die Tassen _____, sonst können wir nicht frühstücken.

f) Ich weiß nicht, wie ich die Arbeit bis Ende der Woche _____ soll.

g) Der Arzt hat mit mir _____, weil ich die Tabletten nicht regelmäßig genommen habe.

h) Das viele Lesen _____ seinen Augen.

i) Das Schiff ist vor der Küste _____.

j) Lass sie doch reden, was sie wollen. Das _____ mich gar nicht.

k) Er wurde von der Polizei _____, weil er eine Ampel überfahren hatte.

l) Wenn er nicht zur Seite _____ wäre, wäre er überfahren worden.

m) Er hat den Kühlschrank ganz allein in den fünften Stock _____.

n) Hast du mal ein Pflaster? Ich habe mich _____.

o) Er will sich von seiner Frau _____ lassen.

p) Während ihrer Tätigkeit im Ausland konnte sie viele interessante und praktische Erfahrungen _____.

q) Ob das so richtig ist, darüber kann man _____.

r) Die Frau _____ und brach sich ein Bein.

s) Heute Nacht hat es _____.

t) Er kann nicht einmal einen Nagel gerade in die Wand _____.

26. Nomen, die mit „S" beginnen

Setzen Sie ein.

> s Schaufenster, - r Schmerz, -en e Schrift, -en r Schritt, -e r Stecker, - e Stelle, -n
> e Stimme, -n r Streit s Stück s Stück, -e

a) In den _Schaufenstern_ können wir nur einen kleinen Teil unseres Angebots ausstellen.
b) An dieser _____ hat es schon mehrere Unfälle gegeben.
c) Sie hat eine schreckliche _____, die kann kein Mensch lesen.
d) Der _____ passt nicht in die Steckdose.
e) Er nahm 4 _____ Zucker in seinen Kaffee.
f) Das ist nur wenige _____ von hier.
g) Ich habe gehört, dass er fast jeden Tag _____ mit seiner Frau hat.
h) Sie hat eine tiefe _____.
i) Ich habe vor _____ nicht schlafen können.
j) Er hat in mehreren Theater_____ von Bertolt Brecht die Hauptrolle gespielt.

Setzen Sie ein.

> r Satz, ¨e r Schaden, ¨ s Schild, -er e Schlagzeile, -n e Sorge, -n e Spritze, -n
> r Standpunkt, -e r Stoff, -e e Strecke, -n r Sturm, ¨e r Supermarkt, ¨e

a) Er steht auf dem _Standpunkt_, dass Kinder nicht fernsehen sollten.
b) An vielen Häusern wurden durch den _____ starke _____ verursacht.
c) Den letzten _____ in deinem Brief verstehe ich nicht.
d) Dieser _____ ist viel zu dünn für einen Wintermantel.
e) Im _____ sind viele Waren billiger als in kleinen Geschäften.
f) Kannst du lesen, was dort auf dem _____ steht?
g) Bist du die ganze _____ zu Fuß gegangen?
h) Es gibt Leute, die bei einer Zeitung nur die _____ lesen.
i) Sie brauchen sich um Ihre Zukunft keine _____ zu machen.
j) Nachdem man ihm eine _____ gegeben hatte, schlief der Patient die ganze Nacht ruhig.

Stufe 2

27. Nomen, die mit „S" beginnen

Wie heißen die Nomen?

a) Ich bin gleich fertig, ich muss meiner Sekretärin nur noch schnell einen Brief diktieren.

b) Letzten Sommer hatten wir einmal 37°C im Scha___n.

c) Herr Ober! Die Spei_____e bitte.

d) Um S____m zu sparen, schalte ich die elektrische Heizung nachts aus.

e) Es ist noch ein Rest Su__e im Topf.

f) Der Brief trägt den Stem__l vom 15. Januar.

g) Die Staa__n der Europäischen Gemeinschaft arbeiten auf diesem Gebiet sehr eng zusammen.

h) Zahlen Sie in bar oder mit Sch___k?

i) Weiß man schon, wer bei diesem Unfall die Sch__d hatte?

j) Dr. Bock hat montags keine Sprechst____e.

k) Eine so hohe Su__e kann er bestimmt nicht auf einmal zahlen.

l) Er studiert Germanistik im 1. Sem_____r.

m) Der Wagen nach Aachen ist am Sch__ss des Zuges.

n) Viele Philosophen haben über den S__n des Lebens nachgedacht.

o) Doppelfenster sind ein guter Sch__z gegen Kälte und Lärm.

p) Bei diesem schlechten Sch__e macht Skifahren überhaupt keinen Sp_ß.

q) Ich hätte gern zwei Scha____ln Streichhölzer.

r) Fahrkarten bekommen Sie an Sch____r 7.

s) Nimm deinen S____m mit. Es regnet.

t) Ich muss 30 Euro Str__e zahlen, weil ich falsch geparkt habe.

u) Mama, im Bad ist keine Sei_e mehr.

v) Jedes politische Sy___m hat seine Vor- und Nachteile.

w) Um sein Studium zu finanzieren, war der S_____t gezwungen, nebenbei als Taxifahrer zu arbeiten.

x) In den unteren Stockw____n dieses Gebäudes sind nur Läden und Büros.

y) Im Herbst ziehen viele Vögel nach Sü__n.

z) Nachdem bei Straßenbauar_____n eine Bombe aus dem 2. Weltkrieg entdeckt worden war, mussten die Bewohner mehrerer Häuser evakuiert werden.

28. Adjektive und Adverbien, die mit „s" beginnen

Setzen Sie ein.

> scharf – scharfen – schärferes – schlecht – schlecht – schlecht – schlecht – schlechte – schlechten – soziale – selbstständiges – selbstverständlich

a) Von der _scharfen_ Soße bekommt man großen Durst.
b) Unterwegs ist ihm _____ geworden.
c) Gesucht wird eine Sekretärin, die an _____ Arbeiten gewöhnt ist.
d) Er hat einen _____ Charakter.
e) Wie geht es dem Patienten? – _____!
f) Wir helfen dir, das ist doch _____.
g) Hier ist _____ Luft.
h) Haben Sie kein _____ Messer?
i) Das Fleisch müssen wir zuerst essen, sonst wird es uns _____.
j) Der Fahrer des Wagens hat zu _____ gebremst.
k) Sie spricht _____ Deutsch.
l) Die _____ Sicherheit der Arbeitnehmer ist eines der wichtigsten Ziele der Gewerkschaften.

Setzen Sie ein.

> sauer – schade – schief – ~~schlimme~~ – schrecklichsten – schuldig – spannend – staatlicher – sparsame – südlich – süße

a) Das waren damals *schlimme* Zeiten.

b) Das Bild hängt aber _____.

c) Er isst gern _____ Sachen.

d) Die Äpfel sind mir viel zu _____.

e) Es ist wirklich _____, dass du nicht kommen kannst.

f) Wir wohnen in einem kleinen Dorf _____ von München.

g) Das Fußballspiel war _____ bis zur letzten Minute.

h) Das ist eine meiner _____ Erinnerungen.

i) Nach dem Gesetz ist er _____.

j) Gabi ist eine sehr _____ Hausfrau.

k) Der Bau des neuen Krankenhauses war nur mit _____ Hilfe möglich.

29. Welches Verb passt zu welchem Substantiv?

1	Ruhe
2	Mathematik
3	Bild
4	Liebespaar
5	(ein zu großes) Kleid
6	Medikament
7	Station
8	Fehler

a	anschauen
b	umtauschen
c	wirken
d	schweigen
e	aussteigen
f	verzeihen
g	sich verlieben
h	rechnen

1	d
2	
3	
4	
5	
6	
7	
8	

30. Im Restaurant

Was passt?

Beispiel: Was _hätten_ Sie gern zum Trinken? – Eine Cola und ein Bier, bitte!
☐ haben ☒ hätten ☐ hatten

a) _____, die Speisekarte bitte!
☐ Ober ☐ Sehr geehrter Ober ☐ Herr Ober

b) Haben Sie _____? – Ja, wir nehmen einen Schweinebraten mit Nudeln und ein Steak mit Pommes frites, bitte!
☐ bekommen ☐ gewählt ☐ gebucht

c) Als _____ nehmen wir Schwarzwälder Kirschtorte.
☐ Vorspeise ☐ Hauptspeise ☐ Nachspeise

d) Ich hätte lieber ein gemischtes _____ mit Sahne.
☐ Obst ☐ Eis ☐ Stück Kuchen

e) Herr Ober, _____, bitte!
☐ zählen ☐ zahlen ☐ rechnen

Manchmal hat man auch Probleme:

f) Verzeihung, mein Herr, hier sind alle Plätze _____, aber Sie können gern auf der Terrasse Platz nehmen.
☐ reserviert ☐ genommen ☐ gestellt

g) Herr Ober, am _____ ist zuviel Essig, den kann man unmöglich essen.
☐ Kuchen ☐ Käse ☐ Salat

h) Herr Ober, wir warten jetzt schon seit einer halben Stunde! Wann werden wir endlich _____?
☐ besucht ☐ bedient ☐ begonnen

i) Bedienung, ich hatte ein Steak _____ und kein Hähnchen!
☐ bestellt ☐ gefragt ☐ gebeten

Stufe 2

31. Personenbeschreibung II

Setzen Sie ein.

> blond – schlank – fröhlich – tolerant – ~~aufmerksam~~ – blau – einsam – wütend – feucht – stolz – beliebt – fit – stumm – taub – perfekt

a) Er kann sich nur schwer konzentrieren und hört deswegen nicht _aufmerksam_ zu.
b) Sie ist freundlich und bescheiden und bei allen _____.
c) Ihre Haare sind nicht rot, sondern _____.
d) Er hält sich durch regelmäßiges Training _____.
e) Er spricht _____ Englisch und Französisch.
f) Sie kann essen, was sie will, und bleibt trotzdem _____.
g) Mein Schwiegervater ist jetzt 85; er sieht sehr schlecht und ist außerdem fast _____.
h) Ein Mensch, der nicht sprechen kann, ist _____.
i) Er lacht oft und gern, er ist wirklich ein _____ Mensch.
j) In Stresssituationen bekommen viele Menschen _____ Hände.
k) Nach dem Tod ihres Mannes fühlte sich Frau Müller sehr _____.
l) Als die Bedienung ihm statt einer Flasche Bier ein Glas Mineralwasser brachte, wurde er _____.
m) Warum reagierst du schon wieder so aggressiv? Du könntest wirklich ein bisschen _____ sein.
n) Sie ist zu Recht _____ auf ihren guten Geschmack.
o) Die Traumfrau der Deutschen ist angeblich 1,70 m groß, hat _____ Augen, dunkles Haar und eine angenehme Stimme.

32. Welches Modalverb fehlt hier?

Setzen Sie ein.

> darf – darf – ~~kann~~ – kann – kann – kann – könntest – möchtest – muss – muss – musst – sollst – sollten – sollten – will – will

a) „Bei uns ist der Kunde König!" Diesen Satz _kann_ man in vielen Supermärkten lesen.

b) Diese Creme _____ Sie nur dann nehmen, wenn Ihre Haut sehr trocken ist.

c) Ich _____ Sie ja nicht beeinflussen, aber ich würde diese Jacke nicht nehmen.

d) Hier ist eine Schule. Hier _____ man nicht schneller als 30 km/h fahren.

e) _____ du noch ein Stück Kuchen?

f) Im Krankenhaus: „Du, ich _____ jetzt leider gehen. Also, bis nächste Woche dann und gute Besserung!"

g) _____ du mir helfen, den Inhalt dieses Artikels zusammenzufassen?

h) Das Restaurant „Zum Weinberg" existiert nicht mehr. Man _____ hier aber auch in mehreren anderen Restaurants sehr gut essen.

i) Schrei doch nicht so! Ich _____ dich auch verstehen, wenn du leise sprichst.

j) Mensch, mach deine Zigarette aus, hier _____ man nicht rauchen!

k) Ist Herr Schulze da? Ich _____ unbedingt mit ihm sprechen.

l) Das Mosaik besteht aus mehr als einer Million farbiger Steine. Das _____ du dir auf jeden Fall ansehen!

m) Herr Schmidt ist jetzt seit fast 10 Jahren verwitwet. Ich glaube aber, dass er wieder heiraten _____.

n) In den meisten Ländern Westeuropas ist das Klima relativ mild. Manchmal _____ es im Winter aber auch sehr kalt werden.

o) Wir _____ ihr vielleicht doch entgegengehen. Ich glaube, sie hat schwer zu tragen.

p) Brigitte, der Chef hat eben angerufen. Du _____ sofort zu ihm kommen.

33. Buchstabensalat: Nomen

Was machen Sie in Ihrer Freizeit?

Beispiel ▶ Da ich EITRE (___Tiere___) sehr gern habe, gehe ich oft in den Zoo.

a) Als selbstständiger Handwerker habe ich nur wenig EIZEITFR (_____). Außerdem helfe ich oft meinen Nachbarn, wenn irgend etwas im Haus kaputtgeht.

b) Wir haben ein gemütliches ZUHAUES (_____) und gehen nur selten aus.

c) Ich besuche zweimal in der Woche einen COMPUTERSURK (_____) in der Volkshochschule.

d) Wir machen gern SUAFLÜGE (_____) in die Berge, allerdings nur, wenn die Sonne scheint.

e) Seitdem ich eine STEREOANGLEA (_____) und außerdem auch ein Videogerät habe, höre ich viel klassische Musik und sehe oft fern.

f) Wir haben einen ANDERWVEREIN (_____) gegründet und organisieren fast jeden Sonntag eine Wanderung.

g) Am Wochenende möchte ich mich richtig amüsieren und gehe deswegen oft in die ISKOD (_____).

h) In früheren Jahren bin ich viel in den Bergen gewandert. Jetzt mache ich aber nur noch PASRZIEGÄNGE (_____) im Stadtpark.

i) Wir segeln sehr gerne und haben uns deswegen ein BOSEGELOT (_____) angeschafft.

j) Ich treibe viel Sport und trainiere sehr hart. Gestern z. B. habe ich meinen persönlichen KREORD (_____) über 100 m um 0,2 Sekunden verbessert.

k) Da ich jeden Morgen schon sehr früh auf bin, lese ich in aller Ruhe ZGENEITUN (_____) und Zeitschriften.

l) Ich möchte am WENDEOCHEN (_____) etwas erleben und gehe deswegen gern zu Profiboxkämpfen oder zu Autorennen.

m) Wenn meine Freunde eine Feier oder ein ICKPNICK (_____) machen, bin ich jedesmal dabei!

34. Welches Nomen passt nicht?

a) e Erwachsenenbildung – e Bürgerinitiative – e Weiterbildung – e Ausbildung – r Kursleiter
b) e Limonade – e Gaststätte – e Kantine – r Biergarten – s Restaurant
c) r Krankenpfleger – e Notaufnahme – r Frauenarzt – r Teilnehmer – e Krankenschwester
d) s Unterhemd – e Unterhaltung – e Unterhose – r Unterrock – e Unterwäsche
e) r Euro – e D-Mark – s Prozent – r Schilling – r Franken
f) e Kreditkarte – s Fax – s Internet – e/s E-Mail – s Handy
g) r Socken – r Slip – r Stiefel – r Spiegel – r Schuh
h) s Opfer – s Verbrechen – e Atmosphäre – r Mord – r Schuss
i) s Gebäck – r Honig – e Nadel – s Hörnchen – e Marmelade
j) s Klo – s Klopapier – s WC – r Abfall – e Toilette
k) s Gericht – r Kloß – r Pfannkuchen – r Pudding – s Schnitzel
l) e Pflaume – e Aprikose – e Apfelsine – e Birne – r Quark
m) r Bundesbürger – r Bürgersteig – e Bundeswehr – r Bundestag – r Bundesrat

35. Religionen

Setzen Sie ein.

> beten   e Bibel   r Buddhismus   s Christentum   evangelisch   r Hinduismus   r Islam   s Judentum   katholisch   r Koran

a) Das _Judentum_ ist eine der ältesten Religionen.

b) Das _____ ist etwa 2000 Jahre alt.

c) Der _____ wurde Anfang des 7. Jahrhunderts von Mohammed begründet.

d) Nach dem Hinduismus ist der _____ die wichtigste Religion in Indien.

e) Im _____ sind die Kühe heilige Tiere.

f) Christen lesen oft in der _____, Moslems im _____.

g) In Norddeutschland ist der größte Teil der Bevölkerung _____, in Süddeutschland _____.

h) In der evangelischen wie in der katholischen Kirche _____ man das „Vaterunser".

Stufe 2   59

Stufe 3A

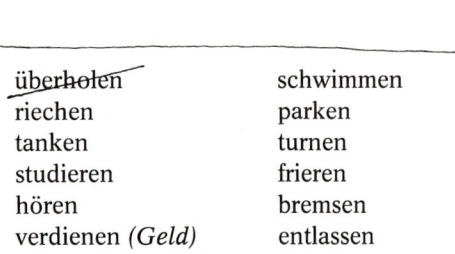

1. Was passt wo? (Verben)

Merken Sie sich möglichst viele von den 24 Wörtern. Ordnen Sie sie zuerst in Gruppen (1 Gruppe = 4 Wörter). Sie werden sehen, mit System geht das Lernen viel leichter.

~~überholen~~	schwimmen		
riechen	parken		
tanken	turnen		
studieren	frieren		
hören	bremsen		
verdienen *(Geld)*	entlassen		
sehen	bluten	besuchen *(eine Schule)*	schmecken
streiken	arbeiten	lernen	Rad fahren
schwitzen	bestehen *(eine Prüfung)*	tanzen	husten

Auto	überholen			
Arbeit				
Freizeit/Sport				
4 (der 5) Sinne				
Körperreaktionen				
Schule/Universität				

2. Funktionsverbgefüge

In Funktionsverbgefügen ist die ursprüngliche Bedeutung des Verbs fast nicht mehr zu erkennen: *einen Antrag stellen, in Ordnung bringen, in Frage kommen, zur Verfügung stehen etc.* Hier ist das Nomen der eigentliche Sinnträger. Wenn Sie die Bedeutung des Nomens kennen, werden Sie Funktionsverbgefüge in den meisten Fällen verstehen. Die folgenden Verben sind besonders häufig Teil von Funktionsverbgefügen. Setzen Sie ein.

> bekommen – bringen – führen – geben – kommen – machen – ~~nehmen~~ – stellen

a) Er macht, was er will; er _nimmt_ auf niemand Rücksicht.

b) Waren verkaufen sich besser, wenn man dafür Reklame _____.

c) Wie sind Sie denn auf solch eine Idee _____?

d) Nächste Woche _____ wir Besuch.

e) Die Konferenz hat zu keinem Ergebnis _____.

f) Mit Ihrem Geschenk haben Sie ihr bestimmt eine große Freude _____.

g) Es wundert mich, dass niemand diese Frage _____ hat.

h) Tut mir Leid, aber darüber darf ich Ihnen keine Auskunft _____.

i) Haben Sie schon einen Antrag auf Arbeitslosenunterstützung _____.

j) _____ Sie mir bitte so bald wie möglich Bescheid.

k) Er ist zu ängstlich. Du musst ihm Mut _____.

l) Wir haben einen Prozess gegen unseren Vermieter _____.

m) Meine Entlassung hat mich in eine schwierige Lage _____.

n) Über dieses Problem haben meine Frau und ich lange Gespräche _____.

o) Papa, darf ich mir heute Abend den Krimi ansehen? – Das _____ überhaupt nicht in Frage.

p) Das Ausländeramt _____ uns jeden Tag neue Schwierigkeiten.

q) Die Abendzeitung hat einen langen Bericht über das Flugzeugunglück _____.

r) Zu diesem Punkt wollte er nicht Stellung _____.

s) Er hat einen sehr guten Eindruck auf mich _____.

Stufe 3A

3. Buchstabensalat: Adjektive

Hier sind mehrere Buchstaben durcheinander gekommen.

Beispiel Kann ich bitte Herrn Meier sprechen? Es ist sehr RINDGEND (*dringend*).

a) Solche Kontakte dienen der Verbesserung der NATIONALINTEREN (_____) Beziehungen.

b) Verstehst du, wieso die Marmelade so RITTEB (_____) schmeckt?

c) Wir haben allerhöchstens 14 Tage Zeit, umso wichtiger ist, dass wir alles NEGAU (_____) planen.

d) „Lieber zu viel als zu wenig", das war immer die OBRETSE (_____) Devise meiner Mutter.

e) Trotz des großen Altersunterschieds verstehe ich mich RIMPA (_____) mit ihm.

f) Ich frage mich, wozu dieses alte Zeug LÜTZNICH (_____) sein soll.

g) Mir gegenüber hat er sich auch nicht gerade AIRF (_____) verhalten.

h) Ihr Sohn ist zwar sehr intelligent, aber er verhält sich im Unterricht doch ein wenig zu VASSIP (_____).

i) An deiner Jacke ist ein Knopf LECKOR (_____).

j) Ist dir der Termin inzwischen auch ZIELLOFFI (_____) mitgeteilt worden?

k) Die Schüler traten teils ZEINELN (_____), teils in Gruppen ins Klassenzimmer.

l) SENTPRECHEND (_____) Ihrem Auftrag liefern wir Ihnen heute 500 Schreibmaschinen vom Typ „Rapid S".

m) In der gestrigen Zeitung stand ein GAUSEZEICHNETER (_____) Artikel über Umweltprobleme.

n) Er ist SEFT (_____) entschlossen, an der Technischen Hochschule zu studieren.

o) Zu dem Geschirr gehören 24 LACHFE (_____) und 24 tiefe Teller.

p) Ich hatte bisher noch keine Gelegenheit, ihn PRAVIT (_____) zu sprechen.

q) Insgesamt gesehen ist das Ergebnis FRIEDIBEGEND (_____).

r) Der Inhalt des Gesprächs soll unbedingt MEHEIG (_____) bleiben.

s) Zu diesem Thema finden Sie im Heimatmuseum RAHLZEICHE (_____) sehenswerte Beispiele.

t) In den MITTRELEN (_____) Reihen sind noch viele Plätze frei.

u) In der Mittagspause sind wir MEGEINSAM (_____) essen gegangen.

4. Was passt nicht?

Jeweils eine der folgenden Ergänzungen passt nicht.

 *eröffnen:* ein Konto, ein Geschäft, ~~eine Tür~~, eine Ausstellung

a) *gewinnen:* den ersten Preis, einen Prozess, ein Spiel, ein Gehalt von 3000 € im Monat
b) *schließen:* einen Schrank, das Licht, die Augen, einen Vertrag
c) *besichtigen:* ein Museum, eine Stadt, einen Prospekt, eine Kirche
d) *buchen:* einen Platz im Flugzeug, ein Buch in der Bibliothek, eine Reise, einen Platz im Schiff
e) *erfinden:* den Dieselmotor, das Thermometer, die Elektrizität, das Telefon
f) *verursachen:* Schwierigkeiten, einen Mietvertrag, einen Unfall, große Schäden
g) *rauchen:* eine Zigarette, eine Zigarre, eine Pfeife, einen Raucher
h) *unterschreiben:* eine Unterschrift, einen Antrag, einen Brief, einen Vertrag
i) *wiederholen:* einen Satz, ein Kind von der Schule, eine Schulklasse, eine Frage
j) *zumachen:* eine Tür, das Radio, die Garage, das Fenster
k) *lernen:* eine Nachricht, Deutsch, eine Regel, eine Fremdsprache
l) *entwickeln:* einen neuen Motor, Gold, ein neues Verfahren, einen Film
m) *erzählen:* eine Geschichte, sein Geld, ein Märchen, von einer Reise
n) *sorgen:* für das Wetter, für seine kranke Mutter, für die Kinder, für Ruhe und Ordnung
o) *wechseln:* das Thema, unsere Umwelt, Geld, die Schule

5. (Vor-)Silben zuordnen

Welche (Vor-)Silbe passt zu jeder Dreiergruppe? Achten Sie dabei auch auf Groß- und Kleinschreibung!

> ab – an – auf – aus – be – ein – ent – er – nach – über – unter – ver – vor – zu

a) e _Nach_ frage
   r _Nach_ teil
   nach denken

b) e _____ schrift
   _____ morgen
   _____ all

c) _____ kommen
   r _____ zug
   e _____ zeige

d) _____ räumen
   e _____ gabe
   _____ wachen

e) r _____ tritt
   _____ steigen
   _____ laden

f) r _____ teil
   r _____ schlag
   r _____ name

g) _____ wegs
   _____ brechen
   e _____ wäsche

h) _____ öffnen
   _____ zählen
   _____ klären

i) e _____ bildung
   _____ sehen
   _____ ländisch

j) _____ sprechen
   _____ lassen
   _____ heiratet

k) e _____ täuschung
   _____ lassen
   e _____ fernung

l) _____ suchen
   _____ nutzen
   _____ setzt

m) r _____ sender
   _____ holen
   r _____ schnitt

n) _____ rück
   _____ hören
   _____ schauen

6. Welches Partizip Perfekt fehlt hier?

Setzen Sie ein.

> angekommen – angezogen – aufgestanden – geärgert – gebeten – gefahren – gefragt – gefreut – gegangen – gegeben – gegessen – gelegt – gemacht – genommen – geworden – gratuliert – studiert – umgezogen – unterstützt – verbracht – verpasst – verstanden

a) Hast du schon deine Hausaufgaben *gemacht*?
b) Sie hat Romanistik und Germanistik _____.
c) Ich habe das Fleisch in den Kühlschrank _____.
d) Ich habe mich gewaschen, dann habe ich mich _____.
e) Heute ist ein Päckchen für dich _____.
f) Ich habe meinen Urlaub diesmal in Österreich _____.
g) Der Flüchtling hat um Asyl _____.
h) Ich habe Ihre Frage nicht _____.
i) Jetzt habe ich schon zum zweiten Mal in dieser Woche den Zug _____.
j) Er hat den Verletzten mit dem Auto ins Krankenhaus _____.
k) Heute Morgen bin ich schon um 6 Uhr _____.
l) Sie hat mich _____, weshalb du nicht gekommen bist.
m) Müllers wohnen nicht mehr hier. Sie sind schon vor 2 Jahren _____.
n) Er hat mir ein Zeichen mit der Taschenlampe _____.
o) Sie hat mir nicht zum Geburtstag _____.
p) Heute habe ich mich wieder mal über meinen Chef _____.
q) Als er klein war, wollte er Lokomotivführer werden, aber schließlich ist er Zahnarzt _____.
r) Haben Sie schon zu Mittag _____?
s) Er ist 1933 nach Amerika _____.
t) Hast du schon deine Tablette _____?
u) Er wird von seinen Eltern finanziell _____.
v) Es hat mich sehr _____, Sie mal wieder zu sehen.

Stufe 3A

7. Was passt wo?

Setzen Sie ein.

> Park – Rhein – Neffe – Flughafen – Tante – Mitbestimmung – Briefkasten – Zeitschrift – Übertragung – Couch – Telegramm – Hinfahrt – Rundfunkgebühr – Elbe – Schreibtisch – Tarifvertrag – Päckchen – Feld – Eisenbahn – Großmutter – Fahrplan – Einschreiben – See – Tisch – Gleis – Luftpost – Donau – Fernsehapparat – Schrank – Gewerkschaft – Rückfahrt – Regal – Paket – Stuhl – Rückfahrkarte – Briefumschlag – Abendprogramm – Druck – Main – Bett – Geschwister – Drucksache – Berg – Anzeige – Betriebsrat – Sessel – Schlagzeile – Bahnsteig

a) Radio/Fernsehen

Übertragung

b) Presse

c) Verkehr

d) Landschaft/Natur

e) Flüsse

f) Post

g) Familie

h) Betrieb

i) Möbel

8. Wie heißt das Adjektiv bzw. das Nomen?

a) _geschäftlich_ s Geschäft, -e
b) _____ e Person, -en
c) _____ r Typ, -en
d) _____ e Vorsicht
e) _____ r Beruf, -e
f) _____ s Gesetz, -e
g) _____ r Norden
h) _____ r Monat, -e
i) _____ e Tatsache, -n
j) _____ e Verantwortung

k) durstig _der Durst_
l) westlich _____
m) hungrig _____
n) jährlich _____
o) neblig _____
p) ordentlich _____
q) eilig _____
r) östlich _____
s) wahr _____
t) interessant _____

Wenn Sie alle fehlenden Wörter gefunden haben, setzen Sie bitte 14 davon in die folgenden Sätze ein.

a) Mein Mann ist _geschäftlich_ viel unterwegs.
b) Seien Sie _____, wenn Sie mit ihr sprechen; die erzählt alles weiter.
c) Er tat so, als ob er nichts davon wüsste, in _____ war er genau informiert.
b) Ich mache Ihnen schnell etwas zu essen. Sie haben bestimmt _____.
e) Sie sind mir dafür _____, dass das pünktlich erledigt wird.
f) Das ist meine ganz _____ Meinung.
g) Wegen des dichten _____ konnten wir nicht in Frankfurt landen.
h) Seine _____ Pflichten lassen ihm nur wenig Zeit für seine Familie.
i) Was ist für Sie „_____" deutsch?
j) Was ich dir jetzt erzähle, ist _____ vorgekommen.
k) Nach einem Gerichtsurteil ist diese Art von Werbung un_____.
l) Entgegen aller Erwartungen hat das _____ an diesem Artikel stark zugenommen.

Stufe 3A 67

m) Entschuldigen Sie bitte, ich bin wirklich sehr in _____.

n) Die Zeitschrift erscheint _____.

o) Düsseldorf liegt _____ von Köln.

9. Ergänzen Sie den bestimmten Artikel

In mehreren Sätzen muss der Artikel dekliniert werden.

a) Bei *der* Hitze ist eine Fahrt mit *der* Bahn kein Vergnügen.

b) _____ Vertreter versicherte uns, _____ Qualität der Ware sei überdurchschnittlich.

c) _____ Pension, in der wir Urlaub machen wollen, liegt etwas außerhalb _____ Dorfes.

d) _____ Wasser an jener Stelle war so klar, dass man bis auf _____ Grund _____ Sees sehen konnte.

e) Du bist größer als ich; gib mir doch bitte mal _____ Hemd da im obersten Fach.

f) _____ Lehrer schreibt _____ Regel an _____ Tafel.

g) _____ Erzählung *Die Verwandlung* von Franz Kafka ist in viele Sprachen übersetzt worden.

h) Ob _____ neue Technik ein wirklicher Fortschritt ist, wird erst _____ Praxis zeigen.

i) _____ nächste Zeitungskiosk ist hier gleich um _____ Ecke.

j) Ich finde _____ neue Sommermode ebenso enttäuschend wie die im letzten Jahr.

k) _____ Zweck des Ganzen ist nicht zu erkennen.

l) _____ heutige Jugend ist viel kritischer als wir es früher waren.

m) Können Sie _____ Kasten noch gebrauchen? Wenn nicht, werfe ich ihn weg.

n) _____ erste Eindruck war entscheidend.

o) _____ Zeuge will gesehen haben, dass _____ Mann von zwei Jugendlichen getötet worden ist.

p) _____ Kohle ist auch heute noch _____ wichtigste Grundlage für viele Industrien.

q) Ich glaube, ich habe mich geirrt, _____ Ort muss westlich und nicht östlich von Frankfurt liegen.

r) Er wusste nichts von _____ Existenz _____ Briefes.

s) Gerade als _____ Mannschaft aus _____ Kabine kam, fing es an zu regnen.

t) _____ Kunde probierte acht Paar Schuhe, kaufte aber kein einziges.

10. Synonyme Verben

Ersetzen Sie die Verben durch die entsprechenden Synonyme und schreiben Sie die Sätze neu.

> erhalten – liegen – schließen – ~~begegnen~~ – anmachen – stimmen – herstellen – ausschalten – sich ereignen – aufmachen – telefonieren – verbessern – beginnen

a) Ich habe ihn heute schon dreimal *getroffen*.
   Ich bin ihm heute schon dreimal begegnet.

b) Wann *fängt* die Vorstellung *an*?

c) *Mach* bitte das Fenster *zu*!

d) Hast du auch nicht vergessen, das Licht *auszumachen*?

e) *Schalte* mal bitte das Radio *ein*!

f) Haben Sie meinen Brief *bekommen*?

g) Soll ich auch alle übrigen Fehler *korrigieren*?

h) Gestern ist hier an der Kreuzung ein schwerer Unfall *passiert*.

i) Unsere Wohnung *befindet sich* im 4. Stock.

j) Hast du schon deine Eltern *angerufen*?

k) Das Ergebnis *ist* nicht *richtig*.

l) Weißt du, welche Waren diese Firma *produziert*?

m) Die Geschäfte *öffnen* erst um 9.00 Uhr.

Stufe 3A 69

11. Wie heißt die Singular- oder Pluralform?

a) r Kopf, *die Köpfe*
b) r *Laden*, Läden
c) s Ei, _____
d) r Trend, _____
e) s _____, Löcher
f) r Anspruch, _____
g) r Zweifel, _____
h) e _____, Drogerien
i) r Bauch, _____
j) s Heim, _____
k) s Mitglied, _____
l) r _____, Haken
m) s Ufer, _____
n) e Schachtel, _____
o) s Zentrum, _____
p) r _____, Einflüsse
q) e _____, Figuren
r) r _____, Stars
s) e Macht, _____
t) r Traum, _____
u) s _____, Daten
v) e Tradition, _____
w) e _____, Stufen
x) s Team, _____
y) s Interview, _____

a) r Fleck, _____
b) r Job, _____
c) e _____, Konsequenzen
d) e _____, Wahlen
e) s Ticket, _____
f) r Saft, _____
g) s _____, Museen
h) e Null, _____
i) r Neubau, _____
j) r Nachbar, _____
k) s _____, Studien
l) r Hit, _____
m) r Soldat, _____
n) r _____, Flüge
o) r Bruch, _____
p) r Club, _____
q) s Praktikum, _____
r) s Studio, _____
s) e _____, Tüten
t) e Steuer, _____
u) r Tipp, _____
v) r Zustand, _____
w) s _____, Zeugnisse
x) r Tourist, _____
y) r Rat, _____

Stufe 3A

12. Welche Präpositionen oder Präpositionaladverbien fehlen hier?

Setzen Sie ein.

> an – an – an – auf – auf – auf – auf – daran – darüber – davon – ~~für~~ – für – für – mit – nach – über – über – über – um – um – worüber – worüber – zu

a) Ich interessiere mich sehr _für_ technische Probleme.
b) Vielen Dank für das schöne Geschenk. Ich habe mich sehr _____ gefreut.
c) Er fragte mich _____ dem Weg.
d) Darf ich Sie _____ eine Auskunft bitten?
e) Ich freue mich schon sehr _____ die nächsten Ferien.
f) Hast du sehr lange _____ seine Antwort warten müssen?
g) Ich habe mich sehr _____ ihn geärgert.
h) _____ habt ihr so lange gesprochen?
i) Kannst du dich noch _____ ihn erinnern?
j) Ich denke jeden Tag _____ dich.
k) Er hat sich lange _____ mir unterhalten.
l) Ich kann mich nicht _____ gewöhnen, dass man in Deutschland abends meist kalt isst.
m) Das Allgäu gehört _____ den schönsten Gegenden Deutschlands.
n) Sie hat sich _____ sein Verhalten beschwert.
o) Alle haben _____ ihn gelacht.
p) _____ Politik habe ich mich noch nie gekümmert.
q) Mein Chef achtet sehr _____ Pünktlichkeit.
r) Er hat wieder geheiratet, damit jemand im Haus ist, der _____ die Kinder sorgt.
s) Wir hoffen alle _____ eine bessere Zukunft.
t) _____ streitet ihr euch eigentlich?
u) Ich bin fest _____ überzeugt, dass sie unschuldig ist.
v) Nehmen Sie auch _____ der Konferenz teil?
w) Alle Parteien halten eine Steuerreform _____ notwendig.

Stufe 3A 71

13. **Streik der Vokale**

   Hier fehlen bei fast allen Verben die Vokale. Ergänzen Sie.

   a) Überall auf den Wiesen bl**ü**h**e**n schon die Blumen.
   b) Schl__g bitte mal im Wörterbuch n__ch, was ‚behindern' auf englisch heißt.
   c) Er l__sst sich immer vom Friseur r__s__r__n.
   d) Diese Farbe tr__ckn__t bestimmt innerhalb weniger Stunden.
   e) Er t__lt den Kuchen in sechs gleiche Teile.
   f) An diesem Plan hat er lange g__z__chn__t.
   g) Dieser Kollege s__ht einen nie __n, wenn man mit ihm spr__cht.
   h) Sie n__ht sich ihre Kleider selbst.
   i) Bei Alarm bitte Knopf dr__ck__n!
   j) Der Minister hat in der Kulturpolitik viel g__l__st__t.
   k) Uns v__rb__nd__t schon seit Jahren eine enge Freundschaft.
   l) Alle Mitarbeiter waren zu einer Arbeitssitzung z__s__mm__ng__k__mm__n.
   m) Los! B__lt euch! Sonst f__hrt der Bus ohne uns f__rt.
   n) Sie hat sich nicht an die Vorschriften g__h__lt__n.
   o) Die Kinder sind wieder einmal über die Mauer in unseren Garten g__kl__tt__rt.
   p) Gott sei Dank k__nnt__ ich mich im letzten Augenblick noch f__sth__lt__n.
   q) So etwas ist noch nicht d__ g__w__s__n.
   r) Der Hund hat die Würste g__fr__ss__n.
   s) Hast du schon Fieber g__m__ss__n?
   t) Im Hotel ist meine Uhr g__st__hl__n worden.
   u) Seine Taten w__d__rspr__ch__n seinen Worten.
   v) Wir tr__ckn__n die Wäsche fast immer im Bad.
   w) Z__hl__n Sie bitte an der Kasse!
   x) F__hr vorsichtig! Das Radio hat gerade g__m__ld__t, dass heute Morgen alle Straßen glatt sind.
   y) Er h__pt__ einige Male, w__nkt__ kurz und v__rschw__nd hinter der nächsten Kurve.
   z) Die Methode, bei der statt Metall ein neuer Kunststoff v__rw__nd__t wird, sch__nt mehr Erfolg zu v__rspr__ch__n.

14. Wie heißt das Gegenteil?

Das Gegenteil von...   *ist...*

1	vorn
2	jemand
3	vorwärts
4	immer
5	außen
6	über
7	für
8	vorher
9	selten
10	zuerst
11	mit
12	plus
13	hinauf
14	aufwärts
15	überall
16	außerhalb
17	vor *(temporal)*
18	vor *(lokal)*

a	niemand
b	zuletzt
c	ohne
d	unter
e	nirgends
f	minus
g	innerhalb
h	nie
i	hinter
j	hinten
k	nachher
l	rückwärts
m	gegen
n	innen
o	nach
p	hinunter
q	oft
r	abwärts

1	2	3	4	5	6	7	8	9	10	11	12	13	14	15	16	17	18
j																	

Stufe 3A

15. Alles dreht sich ums Geld

Setzen Sie 19 der folgenden 36 Wörter oder Wendungen ein.

> ausgeben – Bank – bar – Bargeld – bargeldlos – billig – einzahlen – eröffnen – Inflation – Kleingeld – Konto – kosten – kostenlos – Kredit – sich etwas leisten können – Euro – Zehn-euroschein, Zwanzigeuroschein etc. – Eurostück – Mittel (Plural) – Cent – Preis – preiswert – Scheck – Scheckkarte – sparen – sparsam – teuer – überweisen – Überweisung – verdienen – wechseln – wert sein – Wert – zahlen – zählen – Zinsen

a) Zahlen Sie in _bar_ oder mit Scheck?

b) Gibt es in der Bundesrepublik einen Zweieuroschein? – Nein, nur ein Zwei_____.

c) Hoffentlich habe ich noch genug Geld auf der _____.

d) Ab 1. Juli bekommen Sie für das Geld auf Ihrem Sparkonto 0,5% mehr _____.

e) Diese Briefmarke _____ heute wenigstens 300 € _____.

f) Um Geld zu _____, verbringt er seinen Urlaub immer auf dem Bauernhof seines Bruders.

g) Damals, als mein Bruder das Haus gekauft hat, hatte es einen _____ von ungefähr 300 000 _____. Heute dürfte es etwa das Doppelte wert sein.

h) Herr Müller verdient sehr wenig; darum _____ er _____ keinen Wagen _____.

i) Der Hausbau hat mich nicht nur viel Geld, sondern auch Mühe und Arbeit _____.

j) Ich habe den Wagen auf _____ gekauft; pro Monat zahle ich 500 € zurück.

k) Können Sie mir einen Hundert_____ wechseln?

l) Kann ich mit einem Scheck bezahlen? Ich habe nicht genug _____ bei mir.

m) Obwohl ich sehr _____ bin, habe ich am Monatsende immer Geldprobleme.

n) Eine Ware ist _____, wenn sie relativ billig und von guter Qualität ist.

o) Um Ihnen das Geld _____ zu können, brauchen wir Ihre Kontonummer.

p) Sie _____ viel Geld für ihre Hobbys _____.

q) Diese Zeitung kostet nur 60 _____.

r) Ich habe gestern 2000 € auf unser Sparkonto _____.

s) Guten Tag, ich möchte ein Konto _____. – Da wenden Sie sich bitte an meinen Kollegen, Schalter 5.

16. Was passt wo?

Setzen Sie ein.

> einem Ausländer den Unterschied zwischen Landschaft und Landwirtschaft – Französisch – eine Freundin um ein Foto – eine Metzgerei – mit dem Personalvertreter – vor der gefährlichen Kurve – über das neugierige Ehepaar von nebenan – eine Platte von Enrico Caruso – die Linien im Heft – über die schlechte Unterkunft – vor der kritischen Situation im Grenzgebiet – eine Klasse schon seit 3 Jahren – eine Dame um den nächsten Tanz – einen Ring von großem Wert – mit dem Betreuer seines Großvaters – dem Schüler die Mathematikaufgabe – bis hundert – mit seinem Geschäftspartner – das Publikum um Ruhe – vor der Nichtbeachtung der Sicherheitsvorschriften – die Öffentlichkeit über die Entwicklung im Krisengebiet – die Zeilen der Buchseite – über die unbefriedigenden Verkehrsverbindungen – einer Bekannten verschiedene Artikel des Mieterschutzgesetzes

a) _Französisch_ unterrichten
 _____ unterrichten
 _____ unterrichten

b) _____ zählen
 _____ zählen
 _____ zählen

c) _____ telefonieren
 _____ telefonieren
 _____ telefonieren

d) _____ bitten
 _____ bitten
 _____ bitten

e) _____ warnen
 _____ warnen
 _____ warnen

f) _____ erklären
 _____ erklären
 _____ erklären

g) sich _____ ärgern
   sich _____ ärgern
   sich _____ ärgern
h) _____ besitzen
   _____ besitzen
   _____ besitzen

17. Welches Verb passt nicht?

a) *einen Kranken* — pflegen, operieren, ~~begründen~~, behandeln
b) *die Namen der neuen Minister* — nennen, herrschen, sich nicht merken können, veröffentlichen
c) *ein Fahrrad* — beschädigen, reinigen, benutzen, beraten
d) *seine Frau* — küssen, betrügen, erfahren, loben
e) *Material* — prüfen, zwingen, wiegen, besorgen
f) *ein Taschenbuch* — in die Tasche stecken, kaufen, behalten, anhaben
g) *einen Freund* — fotografieren, begrüßen, abmachen, ärgern
h) *den Fernsehapparat* — einstellen, angehen, drehen, ausschalten
i) *ein Plakat* — an die Wand kleben, leisten, drucken, abmachen
j) *ein Kind* — bestrafen, klopfen, schlecht behandeln, auf den Stuhl setzen
k) *das Examensergebnis* — feiern, klagen, bestätigen, berücksichtigen
l) *einen Kollegen* — beleidigen, enttäuschen, ordnen, erschrecken

18. Welches Nomen passt nicht?

a) Brötchen – Brot – ~~Wurst~~ – Kuchen
b) Telefonbuch – Anruf – Telefonzelle – Angehörige
c) Diskothek – Sänger – Bar – Lokal
d) Bank – Konto – Überzeugung – Überweisung
e) Auto – Motorrad – Fahrrad – Bus
f) Messer – Schere – Gabel – Löffel
g) Kreis – Umfang – Zeichnung – Fläche
h) Menge – Breite – Länge – Höhe
i) Rücklicht – Blick – Lampe – Birne
j) Form – Größe – Hälfte – Inhalt
k) Organisation – Portion – Mahlzeit – Magen

19. Post und Telefon

Setzen Sie 7 der folgenden Wörter ein.

> r Absender, -   jdn. anrufen   r Briefkasten, ¨   e Briefmarke, -n   r Briefträger, -   r Briefumschlag, ¨e
> e Drucksache, -n   s Einschreiben, -   r Empfang   r Empfänger, -   s Ferngespräch, -e   s Päck-
> chen, -   s Paket, -e   s Postamt, ¨er   senden   s Telefonbuch, ¨er

a) Bernd, ist heute Post gekommen? – Ach, nur ein paar _Drucksachen_.

b) Hol mal bitte die Zeitung aus dem _____.

c) Ich möchte ein _____ nach Chikago anmelden.

d) Auf dem Brief, der an den Absender zurückging, stand: _____ unbekannt.

e) Also, an deiner Stelle würde ich das Päckchen als _____ schicken, das ist sicherer.

f) Ich hätte gerne eine _____ zu zwanzig Cent. – Die bekommen Sie dort drüben an Schalter 7.

g) Sobald Sie das Paket bekommen haben, _____ Sie mich bitte kurz _____.

h) Das Einwohnermeldeamt liegt direkt gegenüber dem _____.

Setzen Sie 7 der folgenden Wörter oder Wendungen ein.

> e Adresse, -n   r Brief, -e   Post bekommen   etwas zur Post bringen   zur Post gehen   e Postkarte,
> -n   e Postleitzahl, -en   schicken   e Sendung, -en   mit jdm. telefonieren   eine (Telefon)nummer
> wählen   e Telefonzelle, -n   s Telegramm, -e   ein Telegramm aufgeben

a) Ich habe jetzt schon seit 3 Monaten keine _Post_ mehr von Inge _bekommen_.

b) Ich habe den Brief als Einschreiben _____.

c) Wissen Sie vielleicht die _____ von Hamburg?

d) Wenn du zur _____ _____, dann nimm bitte diese Postkarte mit.

e) Wenn du das Paket zur _____ _____, dann bring bitte auch 10 Postkarten mit.

f) Ich habe vorgestern lange mit meiner Mutter _____.

g) Sieh mal, irgendjemand hat hier in der _____ seine Handtasche vergessen.

h) Ich habe sofort ein _____ an meinen Vater _____.

20. Welches Verb passt?

Beispiel: Haben Sie sich im Urlaub gut _erholt_?
☐ beruhigt   ☐ geändert   ☒ erholt

a) Ich muss mir immer alles aufschreiben, ich kann nichts mehr _____.
☐ enthalten   ☐ anhalten   ☐ behalten

b) Dieses Ziel ist nur schwer zu _____.
☐ bekommen   ☐ erreichen   ☐ kriegen

c) Sie müssen zuerst dieses Formular _____.
☐ aufschreiben   ☐ erfüllen   ☐ ausfüllen

d) Ich habe die Reise in Stuttgart _____.
☐ gebrochen   ☐ unterbrochen   ☐ gehalten

e) In der Bundesrepublik _____ die meisten Geschäfte am Samstag um 14 Uhr.
☐ schließen   ☐ enden   ☐ beschließen

f) Ich muss mich auf meine Prüfung _____.
☐ beschäftigen   ☐ vorbereiten   ☐ sorgen

g) Ich weiß nicht, welchen Zwecken das _____ soll.
☐ bedienen   ☐ verdienen   ☐ dienen

h) Für Ihre Garderobe _____ wir keine Verantwortung.
☐ versprechen   ☐ übernehmen   ☐ reservieren

i) Geld können Sie auch noch an der Grenze _____.
☐ wechseln   ☐ ändern   ☐ verwechseln

j) Um wie viel Uhr bist du denn _____.
☐ geweckt   ☐ aufgewacht   ☐ gewachsen

k) Ich _____ Sie vielmals um Entschuldigung.
☐ bitte   ☐ biete   ☐ frage

l) Warum kommst du denn so spät? – Ich habe den Zug _____.
☐ verhindert   ☐ verloren   ☐ verpasst

21. Wie heißen die Nomen?

a) sich duschen	e *Dusche*, -n	a) lösen	e_____, -en	
b) erziehen	e_____	b) reden	e_____, -n	
c) beginnen	r_____	c) erfinden	e_____, -en	
d) beschreiben	e_____, en	d) erlauben	e_____	
e) missverstehen	s_____, se	e) zusammenarbeiten	e_____	
f) bitten	e_____, -n	f) mieten	e_____, -n	
g) danken	r_____	g) starten	r_____, -s	
h) informieren	e_____, en	h) versuchen	r_____, -e	
i) abfahren	e_____	i) wünschen	r_____, ¨e	
j) reparieren	e_____, en	j) zweifeln	r_____, -	
k) sich bewerben	e_____, en	k) verkaufen	r_____	
l) lieben	e_____	l) schützen	r_____	
m) sich erkälten	e_____, en	m) braten	r_____, -	
n) (sich) erinnern	e_____, en	n) transportieren	r_____, -e	
o) geboren werden	e_____, en	o) (sich) bewegen	e_____, -en	

Wenn Sie alle Nomen gefunden haben, setzen Sie bitte 11 davon in die folgenden Sätze ein:

a) Er stand gerade unter der D*usche*, als der Briefträger klingelte.

b) Nehmen Sie noch etwas Soße zum B_____?

c) Langsam bekomme ich Z_____, ob ich mich richtig verhalten habe.

d) Für eine Dreizimmerwohnung beträgt die M_____ 500 €.

e) Bei Ihrem Kassettenrecorder lohnt sich eine R_____ wahrscheinlich nicht.

f) Das Radio ist eine E_____, die die Welt verändert hat.

g) Wegen einer schweren E_____ konnte sie nicht an der Sitzung teilnehmen.

h) Dabei kann es sich doch nur um ein M_____ handeln.

i) Der V_____ von Alkohol an Jugendliche ist verboten.

j) Mit B_____ des nächsten Jahres wird die Miete um 6% erhöht.

k) Sie starb bei der G_____ ihres zweiten Kindes.

l) Sie brauchen mehr B_____, Sie müssen regelmäßig spazieren gehen.

Stufe 3A

22. Zusammengesetzte Nomen (Komposita)

Bei den folgenden Wortpaaren fehlt jeweils das gleiche Grundwort. Ergänzen Sie auch den Artikel.

> r Arzt s Essen s Mittel e Politik s Rad e Reise r Schrank e Stadt e Tasche s Zeug

a) _das_ Abend_essen_   _das_ Mittag_essen_
b) ____ Groß____   ____ Klein____
c) ____ Augen____   ____ Zahn____
d) ____ Außen____   ____ Innen____
e) ____ Nahrungs____   ____ Verkehrs____
f) ____ Feuer____   ____ Spiel____
g) ____ Hochzeits____   ____ Urlaubs____
h) ____ Bücher____   ____ Kleider____
i) ____ Vorder____   ____ Hinter____
j) ____ Brief____   ____ Hand____

In die Zwischenräume ist jeweils ein Wort einzusetzen, das sowohl mit dem linken als auch dem rechten Wort ein neues Wort bildet.
Ergänzen Sie auch den Artikel und die Pluralform.

> e Bahn, -en s Geld s Haus, ¨er s Haus, ¨er s Konto, Konten e Post s Rad, ¨er e Stadt, ¨e
> e Stadt, ¨e s Zimmer, -

a) Haupt | Stadt | r Teil, -e   _die Hauptstadt, die Hauptstädte_
                                                                                             der Stadtteil, die Stadtteile
b) Gehalts | | e Nummer, -n
c) Park | | e Tür, -en
d) Motor | | r Fahrer, -
e) Luft | | s Amt, ¨er
f) Papier | | r Schein, -e
g) Kranken | | e Frau, -en
h) Straßen | | r Hof, ¨e
i) Alt | | r Plan, ¨e
j) Einzel | | r Preis, -e

Stufe 3A

23. Fehlersuche

Die mit Großbuchstaben geschriebenen Wörter stehen nicht in den Sätzen, in die sie gehören. Ordnen Sie sie logisch zu.

Beispiel
a) Auch das kann sein RATHAUS *Verhalten* nicht entschuldigen.
b) Die Linie 6 fährt am STREIT *Rathaus* vorbei.
c) Heute hat es wieder mal VERHALTEN *Streit* wegen der Treppenreinigung gegeben.

a) Er TRAT _____ mit Tabak und Kakao.

b) Wir haben den Abend in sehr netter RECHT _____ verbracht.

c) Die Sitzung FÜHLTE _____ mit der Vorstellung der neuen Mitarbeiter.

d) Er HANDELT _____, dass er nicht mehr lange leben würde.

e) Der GESELLSCHAFT _____ stellte bei ihr eine schwere Hautkrankheit fest.

f) Er BEGANN _____ mit aller Kraft auf die Bremse.

g) Nach dem geltenden ARZT _____ kann er dafür nicht bestraft werden.

a) Sie sollten Ihre Plätze möglichst bald UMZIEHEN _____.

b) Die MUTTER _____ ist teilmöbliert und kostet 650 DM im Monat.

c) Kurz nachdem Ayrton Senna die Führung übernommen hatte, musste er an die Boxen und alle vier Reifen RESERVIEREN _____.

d) Er beschäftigt sich schon seit Jahrzehnten mit der FIRMEN _____ der Völker Skandinaviens.

e) Ich muss mich noch fürs Theater WECHSELN _____.

f) Ort und Datum der WOHNUNG _____ stehen auf Seite 4 eines Passes.

g) Immer mehr GESCHICHTE _____ führen Teilzeitarbeit ein.

h) Meine Frau hatte in der Küche zu tun, ich musste inzwischen für die AUSSTELLUNG _____ der Gäste sorgen.

i) Deine UNTERHALTUNG _____ ist wirklich überängstlich.

Stufe 3A

24. Zukunft in menschenleeren Hallen?

Setzen Sie ein.

> beschäftigt – gleiche – Voraussetzung – Mitarbeiter – Presse – Hilfe – gerechnet – Untersuchung – sichern – Arbeitszeit – menschliche – bestehe – geringere – übernehmen – günstiger – statt – vorstellte – Wirklichkeit

Personal-Denkspiele im Volkswagen-Konzern

In einer _Untersuchung_ mit dem Titel „Personal 2000 oder der arbeitende Mensch im Jahr 2000" haben _____ des Volkswagenkonzerns einmal ausgerechnet, wie die Zukunft bei VW aussieht, wenn weiter so schnell wie bisher _____ Arbeitskraft durch Maschinen ersetzt wird. Bleibt die Arbeitszeit unverändert, so das Rechenergebnis, dann werden – bei gleicher Produktion – „im Jahr 2000 im Volkswagenwerk nur noch etwa 85 000 Mitarbeiter _____ sein" – 30 000 weniger als heute.

Dass die Roboter immer mehr Arbeitsplätze _____, ist keine Vermutung mehr, sondern schon harte _____. Auch Volkswagen beschäftigt beispielsweise in der hochautomatisierten Halle 54 _____ 5000 nur noch 4000 Leute, die mit _____ von Robotern die Teile für den „Golf" zusammensetzen.

Bei einer möglichen Arbeitszeitverkürzung sieht die Rechnung etwas _____ aus. Unter der _____, „dass im Jahr 2000 die 30-Stunden-Woche erreicht wird", so steht es in einem VW-Papier, „kann es gelingen, etwa 20 000 weitere Arbeitsplätze zu _____".

Der VW-Vorstand hofft, dass der Verlust von Arbeitsplätzen in Grenzen gehalten werden kann. Im Jahre 1965 seien von 93 000 Beschäftigten 1,45 Millionen Autos gebaut worden, heute stellen 102 000 Leute etwa die _____ Zahl von Fahrzeugen her. Der „Golf" _____ eben aus 10 000 Teilen, nicht wie der „Käfer" nur aus 5000. Schon wird auch mit einer neuen Generation von Robotern _____. Diese Roboter werden sehen und tasten können. Als ein VW-Sprecher der internationalen _____ den technischen Fortschritt in Halle 54 (Gesamtkosten: 225 Millionen Euro) _____, meinte er: „Es wird keine menschenleeren Fabriken geben, aber _____ Arbeitszeit für die Mitarbeiter und längere _____ für die Maschinen."

Quelle: W. Hieber: Lernziel Deutsch, Grundstufe 2. Kursbuch. München 1985.

25. Wie heißen die Nomen?

Sie beginnen alle mit „Ver-".

a) Ein Verbandska_s_t_en muss alles enthalten, was man für die erste Hilfe braucht.
b) Er nahm den Verb___d ab, weil er ihn beim Schreiben hinderte.
c) Bedeutet dieses Verkehrszeichen „Halteverb__t"?
d) Der Verband der Verbr_____er fordert Preis- und Qualitätskontrollen.
e) Der Verbr_____er wurde noch am selben Tag verhaftet.
f) Ein Vergl__ch zwischen den Verhältnissen in diesen beiden Ländern ist kaum möglich.
g) Sie hat ein gutes Verhä_____is zu den Eltern ihres Mannes.
h) Der Verl_____e atmete nur noch schwach.
i) Eine Liste der Hotels und Prospekte bekommen Sie im Verkehrsv_____n.
j) Ihre Verle_____en waren so schwer, dass jede Hilfe zu spät kam.
k) In unserem Rathaus gibt es seit einiger Zeit eine städtische Wohnungsvermitt____g.
l) Auf der Vers_____ung seiner Partei hielt der Minister eine zweistündige Rede.
m) Er hat nie den Vers___h gemacht, uns von seinen politischen Ansichten zu überzeugen.
n) Die Vers_____g verlangt normalerweise eine Liste aller zu versichernden Gegenstände.

26. Und wie heißen diese Nomen?

Sie beginnen alle mit „Vor-".

a) Die Vorh_ä_n_g_e im Wohnzimmer müssen gewaschen werden.
b) Wir wohnen in einem Vor___t von Köln.
c) Wir haben keine Vorur_____e gegenüber Ausländern.
d) Die meisten Ausländer haben ganz falsche Vorst_____gen vom Leben in der Bundesrepublik.
e) Ihr Vort___g über ihre Asienreise war sehr interessant.
f) Zu dem Unfall ist es gekommen, weil der Fahrer des Lkw die Vorf_____t nicht beachtet hat.

Stufe 3A

27. Wie heißen die Verben?

Sie beginnen alle mit „ver-".

a) Ich habe *mich* mit ihr für heute Abend um 18.30 Uhr *verabredet*.

b) Sie verließ die Party, ohne *sich* zu *verabsch_____n*.

c) 4 Jahre Ehe haben ihn völlig *verän____t*.

d) Die Qualität dieser Waren konnte wesentlich *verbe_____t* werden.

e) Wenn man die Angebote *vergl_____t*, dann erscheint das erste doch als das günstigere.

f) Seit damals haben *sich* die Verhältnisse entscheidend *verän____t*.

g) In welcher Zeitschrift willst du denn deinen Artikel *veröff_____n*?

h) Eine solche Politik würde die Gefahr eines neuen Krieges bestimmt nur noch *vergrö____n*.

i) Er hat *sich* mir gegenüber sehr merkwürdig *verha____n*.

j) Ihre Aufenthaltserlaubnis wurde um ein Jahr *verlän____t*.

k) Die Chancen, für dieses Problem eine politische Lösung zu finden, haben *sich* wesentlich *verbe_____t*.

l) Er hat *sich verl____t*, als er versuchte, eine Dose mit einem spitzen Messer zu öffnen.

m) Die Aussichten für eine endgültige Lösung dieses Problems haben *sich vergrö____t*.

n) Er hatte seine Rede nicht gut vorbereitet und *versp____h sich* deshalb öfter.

o) Sie ist bei einem Unfall schwer *verl____t* worden.

p) An die Bevölkerung im Katastrophengebiet sind Lebensmittel, Medikamente und Decken *verte____t* worden.

q) Das Verhältnis zwischen Ost und West hat sich deutlich verbessert. Manche Experten meinen nun aber, dass *sich* das Verhältnis zwischen Nord und Süd *versch_____n* könnte.

28. Und wie heißen diese Verben?

Sie beginnen alle mit „vor-".

a) _Haben_ Sie heute Abend etwas Besonderes *vor*?
b) Ich weiß nicht, was ich von der Sache halten soll. Das Ganze k____t mir allmählich komisch *vor*.
c) Können Sie mir eventuell auch einen anderen Termin vorschl____n?
d) Wenn wir die Wahl hätten, würden wir eine Wohnung im Stadtzentrum vorz_____n.

29. Was hat nichts mit ... zu tun?

a) Was hat nichts mit Verkehr zu tun?
   Transport – Fußgängerzone – ~~Minderheit~~ – Passagier

b) Was hat nichts mit Tourismus zu tun?
   Sehenswürdigkeit – Gewalt – Souvenir – Strand

c) Was hat nichts mit Umweltproblemen zu tun?
   Abgase – Smog – Müll – Drogen

d) Was hat nichts mit einem Fest zu tun?
   Gitarre – Humor – Überstunde – Stimmung

e) Was hat nichts mit Gesundheit/Krankheit zu tun?
   Schnupfen – Diät – Husten – Alltag

30. Was ist kein ...?

a) Was ist kein Schulfach?
   Religion – Physik – ~~Energie~~ – Biologie

b) Was ist kein Studienfach?
   Industrie – Soziologie – Psychologie – Kommunikationswissenschaften

c) Was ist kein kirchliches Fest?
   Karneval – Ostern – Pfingsten – Weihnachten

d) Was ist kein Maß?
   Prozent – Quadratmeter – Liter – Beitrag

e) Was ist keine Freizeitbeschäftigung?
   Stimmung – Picknick – Ausflug – Lesen

31. Essen und Trinken

Was passt?

Beispiel: Wenn man mit Freunden oder Bekannten Bier trinkt, sagt man oft:
_Prost_____!
☐ Viel Glück! ☒ Prost! ☐ Alles Gute!

a) Die Vollmilch, die ich gestern gekauft habe, ist jetzt schon _____.
☐ süß ☐ sauer ☐ bitter

b) Mageres Fleisch ist _____ als fettes.
☐ frischer ☐ gesünder ☐ reifer

c) In vielen Ländern Ostasiens isst man oft Huhn mit _____.
☐ Kartoffeln ☐ Nudeln ☐ Reis

d) Bevor man mit dem Essen beginnt, sagt man meistens: _____.
☐ Zum Wohl! ☐ Guten Appetit! ☐ Danke, ebenfalls!

e) In vielen christlichen Familien ist es _____, vor und nach dem Essen zu beten.
☐ üblich ☐ ungewöhnlich ☐ selten

f) Auf dem Markt: Sind diese Birnen denn schon _____?
☐ fertig ☐ frisch ☐ reif

g) So, jetzt bringe ich noch den Nachtisch! – Oh, nein, ich kann nicht mehr, ich bin wirklich _____!
☐ hungrig ☐ satt ☐ fit

h) Liebling, Sonntag könntest du doch wieder mal einen Kuchen _____!
☐ braten ☐ kochen ☐ backen

i) Bonbons sind meistens _____.
☐ bitter ☐ scharf ☐ süß

j) Wenn wir Picknick machen, nehmen wir immer _____ und Bestecke aus Plastik mit.
☐ Geschmack ☐ Teller ☐ Portionen

k) Guten Appetit! – _____!
☐ Danke, gleichfalls! ☐ Ja, gern! ☐ Bitte schön!

32. Arbeit und Beruf II

Setzen Sie ein.

> r Arbeitsmarkt, ¨-e r Jobs, -s arbeitslos e Nachtschicht, -en ~~r Beitrag, ¨-e~~ r Ingenieur, -e
> r Bedarf e Pension, -en

a) Die Sozialversicherung wird zum größten Teil aus __Beiträgen__ der Arbeitgeber und Arbeitnehmer finanziert.

b) Solange er _____ war, wurde er von seinen Eltern finanziell unterstützt.

c) Wenn man die Situation auf dem _____ analysiert, kann man feststellen, dass besonders solche Personen arbeitslos sind, die eine schlechte Ausbildung haben.

d) Aus einer Zeitung: „Nach einem Unfall während der _____ mussten drei Arbeiter mit schweren inneren Verletzungen in eine Spezialklinik überwiesen werden. Die genaue Unfallursache ist noch nicht bekannt."

e) Er arbeitet als _____ in einem Kernkraftwerk.

f) Seine _____ reichte nur knapp zum Leben.

g) Er hat in den Semesterferien einen _____ in der Rezeption eines großen Hotels gefunden.

h) In der Hochsaison wächst in fast allen Urlaubsorten der _____ an Arbeitskräften.

> r Bauer, -n r Arbeitsplatz, ¨-e s Verfahren, - kommerziell ~~r Arbeitnehmer, -~~ e Arbeitsbedingung, -en e Betriebsleitung

a) Immer mehr __Arbeitnehmer__ wohnen oft viele Kilometer von ihrem Arbeitsplatz entfernt.

b) Ich arbeite jedes Jahr während der Erntezeit bei einem _____ .

c) Unser Institut hat keine _____ Interessen.

d) In unserer Firma wurde ein _____ entwickelt, das ein hohes Maß an Sicherheit bietet.

e) Ein Gewerkschaftsvertreter: „Wir warten immer noch auf konkrete Vorschläge der _____ zur Verbesserung des Betriebsklimas."

f) Wenn man mehr alternative Energien einsetzen würde, würden zahlreiche neue
_____ entstehen.

g) Der Arbeiter beschwerte sich in Gegenwart eines Gewerkschaftsvertreters über die schlechten
_____.

33. Personenbeschreibung III
Setze Sie ein.

> frech dicht schwanger schwul braun schlank chic komisch ~~gut~~ toll zornig schlecht

a) Dieser Schauspieler sieht wirklich wahnsinnig ___gut___ aus!

b) Als Peter sich weigerte, das Geschirr abzuwaschen, wurde sein Vater sehr _____.

c) Wolfgang findet sich unheimlich _____, weil er ab und zu mal einen Witz erzählt.

d) Mensch, guck mal, Thomas und Lothar umarmen sich! – Ja, weißt du nicht, dass die beiden _____ sind?

e) Heinz ist ein schrecklicher Junge! Wenn du wüsstest, wie _____ der zu seinen Eltern ist!

f) Die neue CD ist wirklich klasse und der Sänger hat eine _____ Stimme!

g) Hast du gehört, Constanze ist schon wieder _____! – Kein Wunder, ihr Mann nimmt keine Kondome und sie will nicht die Pille nehmen!

h) Susanne ist immer sehr _____ angezogen; ich hab' sie noch nie mit Blue-Jeans und T-Shirt gesehen.

i) Wenn Petra ihre Tage hat, ist sie oft _____ Laune.

j) Aus einer Nachrichtensendung: „…Die Polizei verdächtigt einen 40-jährigen Mann, dem kürzlich die Flucht aus einem Gefängnis in München gelang. Der Mann ist 1,85 m groß, _____, hat _____ schwarzes Haar und _____ Augen."

34. Was passt nicht?

a) Die Sendung „Das Gesundheitsmagazin" klärt über | Aids / Gesundheitsrisiken bei der Pille / ~~den Preis von Klimaanlagen~~ | auf.

b) Ein Sozialarbeiter betreut | Drogenabhängige. / Jugendliche mit familiären Problemen. / Nichtraucher.

c) Die Kommission untersucht | den Lebensmittelskandal. / den Zorn der entlassenen Arbeiter. / die Ursachen für die Umweltkatastrophe.

d) Für diese Recherchen brauchen Sie | eine Wirkung. / eine Genehmigung. / viel Zeit.

e) In der Zeitung steht, dass | in dem Waschmittel / in dem Resultat / in der Zahncreme | Giftstoffe entdeckt wurden.

35. Buchstabensalat: Nomen

Achten Sie bitte bei jedem Satz auf den Kontext. So werden Sie das gesuchte Nomen in den meisten Fällen schnell finden.

a) Der RIFFG (_Griff_) am Koffer ist abgebrochen.

b) Herr Maier war nicht da; ich habe ihm aber eine RACHNICHT (_____) auf den Anrufbeantworter gesprochen.

c) Das FIFSCH (_____) näherte sich langsam der Küste.

d) Fotokopien können Sie auf dem PIEKORER (_____) in der Universitätsbücherei machen.

e) Der Unfall endete tödlich, weil der AUFAHRTOER (_____) sich nicht angeschnallt hatte.

f) In vielen armen Ländern wird Gastfreundschaft groß geschrieben; auch LÄNAUSDER (_____) werden meist sehr freundlich aufgenommen.

g) Als die Dame sich umdrehte, sah ich, dass sie eine wertvolle ETTEK (_____) aus Perlen und Diamanten trug.

h) Ich warte jetzt schon ewig darauf, dass unser Buchhalter meine EISEKOSTENR (_____) abrechnet!

Stufe 3A

i) Wie heißt der deutsche Dichter, dessen BURTSGEORT (_____) Frankfurt am Main ist und der 1832 in Weimar starb?

j) Pass auf! Jetzt kommt gleich die ONZE (_____), in der man maximal 30 km/h fahren darf.

k) Im NIDUSTRIEBIETGE (_____) stinkt es fürchterlich nach Chemikalien.

l) In diesem HALTERSEIM (_____) wird sehr viel für die alten Menschen getan.

m) Der Ball des Tennisspielers berührte noch das ENZT (_____).

n) In diesem RENZGGEBIET (_____) leben viele Leute vom Schmuggel, und offenbar nicht schlecht, denn man sieht hier viele neue Häuser.

o) Wenn du lange am Computer gearbeitet hast, solltest du immer alle ATDEN (_____) sichern.

p) Unbezahlten Urlaub genehmigt unser HEFC (_____) sowieso nicht; den brauchst du gar nicht erst zu beantragen!

q) In diesem SUMEUM (_____) ist der Eintritt gratis.

r) Er sagte kein einziges OWTR (_____), sondern nickte nur ab und zu mit dem Kopf.

s) Wie viele STABBUCHEN (_____) hat das Alphabet Ihrer Sprache?

t) Als Geld in der ASSKE (_____) fehlte, fiel der Verdacht sofort auf den neuen Mitarbeiter.

u) Wenn Sie alle BÜUNGEN (_____) dieses Buches durchgearbeitet haben, können Sie in den Bewertungstabellen auf S. 142 nachsehen, welche OTNE (_____) Sie erreicht haben.

36. Computer

A) Wie heißen die einzelnen Teile eines Computers? Ordnen Sie zu.

1	2	3	4	5	6
e Diskette, -n	e Tastatur, -en	r Monitor, -e	r Bildschirm, -e	r Drucker, -	e Taste, -n

7	8	9	10	11	12
s Diskettenlaufwerk, -e	r Scanner, -	e CD-ROM, -s	s Kabel, -	e Maus, ¨e	s CD-ROM-Laufwerk, -e

1	g
2	
3	
4	
5	
6	
7	
8	
9	
10	
11	
12	

B) Welche der oben stehenden Wörter (1–12) passen in den folgenden Sätzen? (Ein Wort muss zweimal eingesetzt werden.)

a) Bei diesem Software-Programm werden auf dem *Bildschirm* sehr viele Symbole angezeigt.
b) Unter welchem Namen hast du die Datei auf der _____ gespeichert?
c) Du brauchst nur zweimal mit der _____ zu klicken, dann bist du in dem neuen Programm.
d) Die Tasten auf dieser _____ sind viel zu klein; ich habe große Probleme beim Tippen.
e) Du solltest dir einen Laser_____ kaufen, da ist die Druckqualität viel besser.
f) Wenn du diese Datei auf einer Diskette speichern willst, musst du zuerst von der Festplatte auf das _____ wechseln.
g) Wenn ich eine CD-ROM einlegen will, öffnet sich das _____ manchmal nicht.
h) Wie kopiert man eigentlich eine Datei von der Festplatte auf eine _____?

37. Zertifikatsprüfung

Setzen Sie ein.

mündlich – s Hörverstehen – e Gebühr, -en – vorbereiten – markieren – s Gespräch, -e – e Grundstufe, -n – e Note, -n – e Wortschatzübung, -en – e Prüfung, -en – s ZD – e Notiz, -en

a) Im Allgemeinen macht man die Zertifikatsprüfung am Ende des letzten Semesters der *Grundstufe*.
b) Die Prüfung ist zwar nicht umsonst, aber die _____ sind wirklich nicht sehr hoch.
c) Die Prüfung besteht aus vier schriftlichen und einem _____ Teil.
d) Bei der Vorbereitung der so genannten Paarprüfung können Sie sich _____ machen.
e) Die mündliche Prüfung beginnt mit einer Kontaktaufnahme, in der ein kurzes _____ mit den Teilnehmern geführt wird.
f) Bei den Prüfungsteilen „Hörverstehen" und „Leseverstehen" _____ die Kandidaten ihre Lösungen auf besonderen Antwortbögen.

Stufe 3A

g) Die Sprecher im Prüfungsteil _____ kommen aus den verschiedenen deutschsprachigen Ländern.

h) Neben _____ sind natürlich auch Grammatikübungen gut geeignet, um sich auf die Prüfung vorzubereiten.

i) Schauen Sie während der _____ bitte nicht auf das Blatt Ihres Nachbarn.

j) Wenn man sich gut auf die Prüfung _____ hat, dann ist das Risiko, sie nicht zu bestehen, sehr klein.

k) Mich regen Prüfungen immer so auf; deswegen möchte ich das _____ nicht machen.

l) Heute Nacht hatte ich einen herrlichen Traum; ich hatte die Prüfung mit der _____ „sehr gut" bestanden.

Stufe 3 B

1. Bedeutungsunterschiede: Nomen

a) Gesucht wird ein Nomen mit 2 Bedeutungen.

A Man kann sich darauf setzen[1]

B Wenn man Geld braucht, geht man dorthin[1]   die _____

b) Gesucht wird ein Nomen mit 3 Bedeutungen.

A Darin fließt Wasser

B Darin fließt elektrischer Strom   die _____

C Herbert von Karajan hatte sie viele Jahre bei den Berliner Philharmonikern[2]

c) Gesucht wird ein Nomen mit 2 Bedeutungen.

A Hier behandelt der Arzt seine Patienten   die _____

B Gegenteil von *Theorie*

d) Gesucht wird ein Nomen mit 3 Bedeutungen.

A Dort hängt meist eine Lampe

B Man braucht sie im Bett, wenn man nicht frieren will   die _____

C Sie liegt oft auf einem Tisch

---

[1] Beachten Sie die unterschiedlichen Pluralformen. Pluralform von A: ..., ¨e; von B: ..., -en.
[2] In Bedeutung C hat das gesuchte Wort keine Pluralform.

e) Gesucht wird ein Nomen mit 2 Bedeutungen.

   A Wenn man eine Wohnung oder eine Arbeit sucht, liest man sie in der Zeitung

   B Wer in einer Mietwohnung nachts oft laut Musik spielt, kann sie wegen nächtlicher Ruhestörung bekommen

   die _____

f) Gesucht wird ein Nomen mit 2 Bedeutungen.

   A An jedem Finger hat man einen

   B Man kann ihn mit einem Hammer in die Wand schlagen

   der _____

g) Gesucht wird ein Nomen mit 2 Bedeutungen.

   A Kinder essen es gern

   B In der Arktis und der Antarktis gibt es viel davon

   das _____

h) „Artikel"

A *Text in einer Zeitung:*
   Wissen Sie, in welcher Zeitung der Artikel erschienen ist?
B *Grammatik:*
   In der deutschen Sprache gibt es 3 Artikel: *der*, *die* und *das*.
C *Ware:*
   Für diesen Artikel besteht im Moment kein Bedarf!

Welche Bedeutung (A, B oder C) hat „Artikel" in den folgenden Sätzen?

1		Die meisten Ausländer haben Schwierigkeiten mit dem deutschen Artikel.
2		Diesen Artikel bekommen Sie nur in einem Spezialgeschäft.
3		Er hat einen Artikel über Umweltschutzprobleme geschrieben.
4		Der Artikel steht vor dem Nomen.

i) „Grund"

A *Landbesitz:*
Sie wohnen auf eigenem Grund und Boden.
B *Boden von Gewässern (z. B. von Flüssen, Seen oder Meeren):*
Das Wasser ist so klar, dass man bis auf den Grund des Sees sehen kann.
C *Grund- (= Basis) + Nomen:*
Ohne Grundkenntnisse in der Grammatik ist es schwierig, eine Fremdsprache zu lernen.
D *Motiv:*
Aus diesen Gründen werden wir gegen den Plan stimmen.

Welche Bedeutung (A, B, C oder D) hat „Grund" in den folgenden Sätzen?

1	Er hat keinen Grund, sich zu beschweren.
2	Der Grundgedanke dieser Theorie überzeugt mich überhaupt nicht.
3	Das Schiff ist auf Grund gelaufen.
4	Er hat seinen gesamten Grund und Boden verkauft.
5	Ihr Grundlohn beträgt 2350,– €.

j) „Markt"

A *Marktplatz:*
Sie wohnen direkt am Markt.
B *Markttag:*
Bei uns ist samstags immer Markt.
C *Warenverkehr; Möglichkeit, eine Ware zu verkaufen:*
Für diesen Artikel gibt es heute keinen Markt mehr.

Welche Bedeutung (A, B oder C) hat „Markt" in den folgenden Sätzen?

1	Bei uns ist dreimal in der Woche Markt.
2	Am Markt stehen schöne alte Häuser.
3	Der Zigarettenmarkt steckt im Moment in einer Krise.
4	Diese Firma hat erst vor kurzem ein neues Produkt auf den Markt gebracht.

2. Bedeutungsunterschiede: Verben

a) „machen"

A *herstellen:*
Das Regal hat sie selbst gemacht.
B *kochen, zubereiten:*
Soll ich dir einen Kaffee machen?
C *erledigen, unternehmen:*
Hast du deine Aufgaben schon gemacht?
D *in Ordnung bringen, reparieren:*
Sie hat die Betten noch nicht gemacht.
E *an einer Sache etwas ändern; einer Person/einer Sache einen bestimmten Charakter geben:*
Dieser ständige Ärger macht mich noch ganz krank.
F *verursachen:*
Die Maschine macht einen schrecklichen Lärm.
G *sich verhalten:*
Was soll ich denn da nur machen?
H *kosten:*
Wie viel macht das?

Welche Bedeutung (A, B, C, D, E, F, G oder H) hat „machen" in den folgenden Sätzen?

1		Im Sommer machen wir eine Reise in die Türkei.
2		Das macht zusammen € 37,60.
3		Was würden Sie an meiner Stelle machen?
4		Ich würde den Rock etwas kürzer machen.
5		Wer macht bei euch das Essen, du oder deine Frau?
6		Ich habe mir einen schwarzen Anzug machen lassen.
7		Wir müssen das Dach machen lassen.
8		Unser Garten macht viel Arbeit.
9		Dieser Lärm macht mich noch verrückt.

b) „tun"

A *machen:*
An seiner Stelle hätte ich das nicht getan.
B *arbeiten:*
Ich habe heute nicht viel zu tun.
C *etwas für/gegen jemanden oder etwas unternehmen:*
Sie müssen viel mehr für Ihre Gesundheit tun.
D *an eine bestimmte Stelle bringen:*
Ich habe mir zu viel Zucker in den Tee getan.
E *jemanden schlecht behandeln; jemanden verletzen:*
Du hast mir damit sehr weh getan.
F *mit etwas in Verbindung stehen:*
Das hat damit doch gar nichts zu tun!
G *sich so verhalten, dass andere Leute nicht merken, was man wirklich denkt oder will:*
Tun Sie doch nicht so, als ob Sie das nicht wüssten!

Welche Bedeutung (A, B, C, D, E, F oder G) hat „tun" in den folgenden Sätzen?

1		Dagegen müssen wir etwas tun.
2		Hast du auch alles wieder an seinen Platz getan?
3		Sie brauchen keine Angst zu haben, der Hund tut Ihnen nichts.
4		Er wusste nicht, was er in dieser Lage tun sollte.
5		Ich hatte dort geschäftlich zu tun.
6		Er tat so, als ob er nichts gesehen hätte.
7		Die Regierung hat nicht genug für die Rentner getan.
8		Mit der Sache will ich nichts zu tun haben.

c) „gehen"

1	Wenn wir schnell gehen, brauchen wir eine Viertelstunde.
2	Unser Sohn geht noch aufs Gymnasium.
3	Er will später als Ingenieur in die Industrie gehen.
4	Sie nahm ihren Mantel und ging.
5	Wenn ich nicht mehr Lohn bekomme, gehe ich.
6	Geht dieser Zug auch sonntags?
7	Am Anfang ging alles gut, dann aber gab es nur noch Schwierigkeiten.
8	Geht deine Uhr richtig?
9	Ich wollte weg, aber es ging nicht.
10	Der Mantel geht nicht mehr in den Koffer.
11	Geht diese Straße zum Bahnhof?
12	Wie geht es Ihnen heute?
13	Worum geht es denn?
14	Ist das teuer? – Es geht.

a	besuchen
b	hineinpassen
c	sich handeln um
d	funktionieren
e	zu Fuß (irgendwohin) gehen
f	führen
g	nicht sehr
h	weggehen
i	sich fühlen
j	möglich sein
k	kündigen
l	verkehren, fahren
m	klappen
n	sich (irgendwo) Arbeit suchen

1	2	3	4	5	6	7	8	9	10	11	12	13	14
e													

Stufe 3B

d) „laufen"

1	Er musste laufen, um den Bus noch zu bekommen.
2	Kann die Kleine schon laufen?
3	Als wir kamen, lief schon der Hauptfilm.
4	Er ist/hat die 100 Meter in 9,9 Sekunden gelaufen.
5	Im Urlaub sind wir jeden Tag 5 Stunden gelaufen.

a	gezeigt werden
b	sich schnell fortbewegen
c	gehen
d	weite Strecken gehen, wandern
e	Laufen als Sportart

1	2	3	4	5
b				

e) „stehen"

A *sich in aufrechter Stellung befinden (Personen und Sachen):*
   Die Flaschen stehen im Schrank.
B *geschrieben, gedruckt sein:*
   Das steht alles im Vertrag.
C *ein Schalter, ein Zeiger ist in einer bestimmten Stellung:*
   Der Schalter steht auf „0".
D *gut/schlecht aussehen (Kleidung):*
   Das Kleid steht dir wirklich gut.
E *nicht in Bewegung sein (Maschinen):*
   Der Zug steht.

Welche Bedeutung (A, B, C, D oder E) hat „stehen" in den folgenden Sätzen?

1		Sie stand am Fenster und winkte.
2		Der neue Hut steht ihr übrigens ausgezeichnet.
3		Er wartete, bis der Motor stand.
4		Der Artikel steht auf der ersten Seite.
5		Der Zeiger steht auf zwölf.
6		Das Kind kann schon ganz allein stehen.

f) „stellen"

A *an einen bestimmten Ort aufrecht hinstellen:*
   Sie stellte einen Teller mit Obst auf den Tisch.
B *etwas einstellen (Uhr, Schalter, Radio etc.):*
   Ich habe den Wecker auf 6 Uhr gestellt.
C *in den Wendungen „eine Frage stellen", „einen Antrag stellen":*
   Die Schüler stellten viele Fragen.

Welche Bedeutung (A, B oder C) hat „stellen" in den folgenden Sätzen?

1		Haben Sie schon einen Antrag gestellt?
2		Würden Sie bitte Ihren Fernseher etwas leiser stellen?
3		Ich habe die Vase auf den Tisch gestellt.
4		Vergiss nicht, den Schalter wieder auf „Null" zu stellen.

g) „liegen"

A *Lage von Dingen, wenn sie nicht stehen oder hängen:*
   Auf dem Boden lag ein dicker Teppich.
B *Lage von Menschen oder Tieren, wenn sie nicht stehen oder sitzen:*
   Er lag auf seinem Bett mit dem Gesicht zur Wand.
C *Grund:*
   Der Motor funktioniert nicht richtig. Weißt du, woran das liegen könnte?
D *geographische Lage:*
   Bonn liegt südlich von Köln.

Welche Bedeutung (A, B, C oder D) hat „liegen" in den folgenden Sätzen?

1		Hamburg liegt an der Elbe.
2		Mein Vater liegt schon seit einer Woche mit einer schweren Grippe im Bett.
3		Wenn das nicht klappt, kann es nur an der schlechten Organisation liegen.
4		Der Brief liegt auf dem Schreibtisch.
5		Seine Wohnung liegt sehr zentral.

h) Ergänzen Sie *stehen, stellen, liegen* oder *legen*.
   Verwenden Sie dabei überall, wo es möglich ist, das Präsens.

1. Hast du den Wecker schon *gestellt* ?
2. In meinem Beruf als Friseuse muss ich viel _____.
3. Peter _____ mit 40° Fieber im Bett.
4. Sie _____ ihm die Hand auf den Arm.
5. Der Schalter _____ auf „aus".
6. Dortmund _____ im Ruhrgebiet.
7. Nach dem Schwimmen _____ ich mich meistens ein bisschen in die Sonne.
8. Würden Sie das Radio bitte etwas leiser _____?
9. Die neue Jacke _____ dir sehr gut.
10. Ich habe mich gewundert, dass keiner diese Frage _____ hat.
11. Statt dass er mir hilft, _____ er den ganzen Tag auf der Couch und liest.
12. Die Schlüssel _____ auf dem Hocker.
13. Den Schrank _____ wir an die linke Wand.
14. Ich habe Ihnen den Brief auf den Schreibtisch _____.
15. Ich habe jetzt schon seit 14 Tagen Halsschmerzen. Woran kann das nur _____?
16. Wir mussten während der ganzen Fahrt _____.
17. In der Zeitung _____, dass die Ausstellung morgen eröffnet wird.
18. Hast du die Wäsche in den Schrank _____?
19. Kannst du mir sagen, wie spät es ist? Meine Uhr _____.
20. Er _____ schon seit drei Wochen im Krankenhaus.
21. Er _____ den ganzen Tag an der Maschine.
22. Es _____ nicht an mir, dass ich zu spät komme, der Zug hatte Verspätung.
23. Ich _____ mich für eine halbe Stunde auf die Couch.
24. Ulm _____ in Süddeutschland.
25. Wie _____ mir der Hut?

3. Bedeutungsunterschiede: da, erst, ganz und gerade

a) „da"

A *hier, dort:*
   Da drüben steht ein Getränkeautomat.
B *in dem Moment, zu dieser Zeit:*
   Da kam ein Auto rückwärts aus einer Einfahrt.
C *unter diesen Umständen; in/für diese(r) Sache:*
   Da kann man doch nichts machen.
D *weil:*
   Da er krank war, konnte er nicht kommen.

Welche Bedeutung (A, B, C oder D) hat „da" in den folgenden Sätzen?

1	Ich wollte gerade gehen, da klingelte das Telefon.
2	Da es schon sehr spät war, ging er sofort zu Bett.
3	Tut mir Leid. Da kann ich Ihnen auch nicht helfen.
4	Von da ist es nicht weit zum Bahnhof.
5	Er wohnt da oben an der Ecke.
6	Da ich nicht kommen kann, wird mein Bruder mich vertreten.
7	Könnten Sie um 10.00 Uhr kommen? – Nein, da habe ich leider keine Zeit.
8	Ich habe seit einer Woche Fieber und starke Halsschmerzen. – Da sollten Sie aber so schnell wie möglich zum Arzt gehen.
9	Halt! Wer da?

b) „erst"

A *noch nicht mehr als; noch nicht älter als:*
   Ich habe erst ein Glas Wein getrunken.
B *nicht vor einem bestimmten Zeitpunkt; später als erwartet oder geplant:*
   Ich habe das erst letzte Woche erfahren.
C *zuerst; am Anfang:*
   Erst werden die Aufgaben gemacht, dann kannst du mit deinen Freunden spielen gehen.

Welche Bedeutung (A, B oder C) hat „erst" in den folgenden Sätzen?

1	Der Film beginnt erst um 22.00 Uhr.
2	Sie ist erst 20 Jahre alt.
3	Erst auf ein Telegramm seiner Mutter hin hat er sich wieder gemeldet.
4	Erst hat ihm die Arbeit gar nicht gefallen, aber jetzt hat er sich daran gewöhnt.
5	Sie haben erst ein Kind.
6	Sie kommen erst nach mir an die Reihe.
7	Erst räumst du dein Zimmer auf, dann kannst du fernsehen.

c) „ganz"

A *gesamt:*
Er hat eine Reise um die ganze Welt gemacht.
B *völlig:*
Das ist mir ganz egal.
C *ziemlich (nur vor einigen Adjektiven und Adverbien mit positiver Bedeutung wie z. B. „gut", „gern", „interessant", „nett" und „schön":*
Ich finde sie ganz nett.
D *sehr:*
Das weiß sie ganz genau.
E *nicht kaputt:*
Gott sei Dank sind noch alle Teller ganz!

Welche Bedeutung (A, B, C, D oder E) hat „ganz" in den folgenden Sätzen?

1		Die Tasse ist noch ganz! Da hast du aber Glück gehabt!
2		Er ist ein ganz bekannter Arzt.
3		Ich würde ganz gern wieder mal ins Theater gehen.
4		Ich habe den ganzen Tag geschlafen.
5		Er hat das ganz allein gemacht.
6		Das Essen hat ganz gut geschmeckt.
7		Der Film war eigentlich ganz interessant, nur der Schluss war etwas komisch.
8		Den ganzen Sommer über hatten wir schönes Wetter.
9		Ich habe heute Nacht ganz schlecht geschlafen.

d) „gerade"

A *nicht krumm:*
Der Weg ist ganz gerade.
B *in diesem Moment; vor ganz kurzer Zeit:*
Inge kann nicht kommen, sie telefoniert gerade.
C *direkt:*
Die Bank ist gerade gegenüber.
D *mit Mühe und Not:*
Sie haben den Zug gerade noch erreicht.
E *besonders:*
Gerade Sie müssten das eigentlich wissen.

Welche Bedeutung (A, B, C, D oder E) hat „gerade" in den folgenden Sätzen?

1		Er wohnt gerade um die Ecke.
2		Er ist gerade beim Essen.
3		Was mein Mann verdient, ist gerade genug für Essen, Miete und Kleidung.
4		In den Vororten sind alle Straßen gerade.
5		Gerade auf diesem Gebiet weiß er gut Bescheid.

6		Er ist gerade erst zurückgekommen.
7		Das Geld reicht gerade noch für zwei Tage.
8		Gerade Kinder brauchen viel Bewegung.
9		Sieh mal, wie gerade dieser Baum ist!
10		Der Marktplatz liegt gerade hinter der Kirche.

4. Bedeutungsunterschiede: aber, denn, doch...

In den unten stehenden Übungen finden Sie die folgenden Wörter unter anderem auch in der Funktion von so genannten Abtönungs- oder Modalpartikeln: *aber, bloß, denn, doch, eben, eigentlich, etwa, ja, mal, nur, ruhig, schon, überhaupt, vielleicht, wohl*. Abtönungspartikeln werden – vor allem in der gesprochenen Sprache – so häufig verwendet, dass es für Sie sehr wichtig ist, ihre Funktion zu kennen. Man kann mit ihnen eine Aussage nuancieren oder modifizieren und z. B. Neugier, Überraschung, Ungeduld, Gereiztheit, Vorwurf, Resignation und Zweifel ausdrücken. Allerdings spielen hier auch der Kontext und die Intonation eine wichtige Rolle.
Abtönungspartikeln sind im Allgemeinen unbetont und stehen im Normalfall direkt nach dem konjugierten Verb (z. B.: Wo ist *denn* dein Bruder?). Wenn der Satz Personalpronomen (ich, du, er etc.) enthält, stehen diese vor den Abtönungspartikeln (z. B.: Wo warst du *denn* so lange?).

a) „aber"

A *Gegensatz, Einschränkung:*
  Sie ist groß und dünn, er aber ist klein und dick.
B *Widerspruch:*
  Das kann sie doch gar nicht gesagt haben. – Das hat sie aber gesagt!
C *zur Verstärkung in verkürzten Aussagen:*
  Störe ich Sie? – Aber nein!
D *(Abtönungspartikel, unbetont) in Ausrufesätzen; wenn man Erstaunen ausdrücken will:*
  Unser Sohn ist schon 1,90 groß. – Der ist aber schnell gewachsen!

Welche Bedeutung (A, B, C oder D) hat „aber" in den folgenden Sätzen?

1		Können Sie das für mich erledigen? – Aber gern!
2		Ich komme gern, aber länger als eine Stunde kann ich nicht bleiben.
3		Geh jetzt endlich schlafen! – Ich will aber noch nicht!
4		Der Artikel ist zwar von guter Qualität, aber doch ziemlich teuer.
5		Hat der aber einen langen Bart!
6		Du sollst nicht immer lügen! – Ich hab' aber nicht gelogen!
7		Kann ich morgen wirklich zu dir kommen? – Aber ja!
8		Wir waren schon um 3 Uhr zurück. – Da seid ihr aber schnell gefahren!

b) „bloß"

A *nur*
   Das kostet bloß drei Euro.
B *(Abtönungspartikel, betont) in Befehlssätzen; wenn man Warnungen oder Drohungen verstärken will:* Sag das bloß nicht meiner Frau!
C *(Abtönungspartikel, unbetont) in Ausrufesätzen; wenn man einen Wunsch ausdrücken will (unter Verwendung des Konjunktiv II und oft in Kombination mit „doch"):*
   Ach, wenn wir doch bloß mehr Geld hätten!

Welche Bedeutung (A, B oder C) hat „bloß" in den folgenden Sätzen?

1	Hör bloß auf, mich zu ärgern!
2	Ich würde dir gern helfen. Ich weiß bloß nicht wie.
3	Wenn er doch bloß bald käme!
4	Ich bin bloß etwas müde. Morgen bin ich wieder fit.
5	Wenn es bloß aufhören würde zu regnen!
6	Erzähl das bloß nicht meinem Vater!
7	Bloß noch zwei Wochen, dann beginnen die Ferien.

c) „denn"

A *(Abtönungspartikel, unbetont) in Fragesätzen; wenn eine Erkundigung freundlich und/oder interessiert klingen soll:*
Seit wann bist du denn krank?
B *(Abtönungspartikel, unbetont) in Fragesätzen; wenn man Erstaunen ausdrücken will:*
Mensch, Peter! Was machst du denn hier in Wien?
C *(Abtönungspartikel, unbetont) in Fragesätzen, wenn man Ungeduld, Gereiztheit ausdrücken will:*
Sind Sie denn noch nicht fertig?
D *kausale Konjunktion:*
Ich gehe nicht mit, denn ich habe noch viel zu tun.

Welche Bedeutung (A, B, C oder D) hat „denn" in den folgenden Sätzen?

1	Sie blieben zu Hause, denn das Wetter war schlecht.
2	Wie spät ist es denn jetzt?
3	Wohnt Frau Müller nicht mehr hier? – Ja, wissen Sie denn nicht, dass sie vor 14 Tagen gestorben ist?
4	Wie ist sie denn, die neue Kollegin?
5	Ingrid, jetzt komm doch! Wie lange soll ich denn noch warten?
6	Er weiß über die Verhältnisse in den USA gut Bescheid, denn er hat dort fünf Jahre gelebt.
7	Wo kommen Sie denn her? Ich dachte, Sie wären verreist!
8	Wo bleibst du denn so lange? Du weißt doch, wir müssen weg!

d) „doch"

A *als gegensätzliche Antwort auf eine negativ formulierte Frage:*
War Ihnen das nicht bekannt? – Doch, das wusste ich.
B *dennoch:*
Wir haben es ihr verboten, sie hat es doch getan.
C *(Abtönungspartikel, unbetont) in Ausrufesätzen; wenn man widersprechen oder einen Vorwurf ausdrücken will:*
Das stimmt doch nicht!
D *(Abtönungspartikel, unbetont) in Aussagesätzen; wenn man an etwas erinnern will, das auch der Gesprächspartner weiß oder wissen sollte:*
Morgen ist doch Sonntag. Könnten wir da nicht wieder mal in die Berge fahren?
E *(Abtönungspartikel, unbetont) in Befehlssätzen; wenn man jemand zu etwas auffordern oder Ratschläge geben will:*
Komm uns doch wieder mal besuchen!
F *(Abtönungspartikel, unbetont) in Fragesätzen; wenn man voraussetzt, dass der Gesprächspartner einverstanden ist:*
Es ist Ihnen doch recht, wenn wir das so machen?

Welche Bedeutung (A, B, C, D, E oder F) hat „doch" in den folgenden Sätzen?

1	Versuchen Sie es doch auch mal mit diesem Mittel!
2	Du bist ja immer noch nicht fertig! – Doch, ich bin fertig.
3	Das kann man doch nicht machen!
4	Die Luft ist kalt und doch angenehm.
5	Das ist doch Unsinn, was Sie da sagen!
6	Du meinst doch auch, dass das die beste Lösung ist?
7	Peter ist doch Automechaniker. Ihn könntest du fragen, wenn du Probleme mit deinem Wagen hast.
8	Ich habe dir doch schon so oft gesagt, dass du dir vor dem Essen die Hände waschen sollst!
9	Rufen Sie doch heute Nachmittag gegen 15 Uhr noch einmal an!
10	Du kommst doch mit?
11	Kommst du nicht mit? – Doch!
12	Ich kann nicht mitkommen. Ich muss doch noch arbeiten.

e) „eben"

A *flach:*
In meiner Heimat ist das Land ganz eben.
B *vor ganz kurzer Zeit:*
Er ist eben erst zurückgekommen.
C *genau (das), gerade (das):*
Eben das wollte ich sagen.
D *(Abtönungspartikel, unbetont) in Aussage- und Befehlssätzen; wenn man an einer Situation nichts ändern kann; wenn man resigniert:*
Da kann man nichts machen, das kostet eben viel Zeit.

Welche Bedeutung (A, B, C oder D) hat „eben" in den folgenden Sätzen?

1	Ist Herr Berger da? – Ja, er ist eben zurückgekommen.
2	Du, mein Wagen ist kaputt. – Da musst du eben zu Fuß gehen.
3	Hier sind alle Straßen eben.
4	Eben jetzt brauche ich das Geld.
5	Ich gebe es auf, ich habe eben kein Glück.
6	Ich habe eben noch mit ihm telefoniert.
7	Der Kaffee ist schon ganz kalt. – Dann mach eben einen neuen!
8	Wollen Sie damit sagen, dass ich mir nicht genug Mühe gebe? – Eben das meine ich.

f) „eigentlich"

A *wirklich (als Adjektiv):*
Pedro Larado ist sein Künstlername. Sein eigentlicher Name ist Fritz Huber.
B *in Wirklichkeit, tatsächlich (als Adverb):*
Die Schauspielerin Marylin Monroe hieß eigentlich Norma Jean Baker.
C *im Grunde, im Ganzen gesehen:*
Eigentlich können wir mit dem Ergebnis ganz zufrieden sein.
D *(Abtönungspartikel, unbetont), wenn man einer Frage mehr Gewicht geben will:*
Wie alt bist du eigentlich?

Welche Bedeutung (A, B, C oder D) hat „eigentlich" in den folgenden Sätzen?

1		Er heißt eigentlich Meyer.
2		Ist hier eigentlich jeden Tag so viel Betrieb?
3		Eigentlich dürfte ich Sie nicht hereinlassen, aber ich will mal eine Ausnahme machen.
4		Sein eigentlicher Beruf ist Friseur.
5		Hast du eigentlich deine Hausaufgaben gemacht?
6		Wie gefällt es euch in eurer neuen Wohnung? – Ach, wir sind eigentlich recht zufrieden, nur das Bad ist ein bisschen klein.
7		Stimmt es eigentlich, dass er verheiratet ist?
8		Den eigentlichen Wert eines Menschen erkennt man meist erst in kritischen Situationen.

g) „etwa"

A *ungefähr:*
Er kommt erst in etwa 14 Tagen zurück.
B *(Abtönungspartikel, unbetont) in Fragesätzen; wenn man überrascht ist (oft wird dabei auch ein mehr oder weniger starker Vorwurf ausgedrückt):*
Hast du etwa das Fenster offen gelassen?

Welche Bedeutung (A oder B) hat „etwa" in den folgenden Sätzen?

1		Willst du etwa schon gehen?
2		Es sind etwa 30 Schüler in einer Klasse.
3		Hast du das etwa vergessen?
4		Haben Sie das etwa seiner Frau erzählt?
5		Er ist etwa 16 Jahre alt.

h) „ja"

A *als Gegenteil von „nein":*
Kommst du mit? – Ja, gerne.
B *(Abtönungspartikel, unbetont) in Aussagesätzen; wenn man auf Bekanntes hinweisen oder etwas begründen will:*
Ich gehe nicht schwimmen, das Wetter ist ja noch viel zu kalt.
C *(Abtönungspartikel, unbetont) in Ausrufesätzen; wenn man Erstaunen ausdrücken will:*
Sieh mal, es schneit ja!
D *(Abtönungspartikel, betont) in Befehlssätzen; wenn man Ratschläge, Warnungen oder Drohungen verstärken will:*
Seid ja pünktlich!

Welche Bedeutung (A, B, C oder D) hat „ja" in den folgenden Sätzen?

1		Er darf nicht fahren, er hat ja keinen Führerschein.
2		Sei ja vorsichtig, wenn du mit dem großen Messer schneidest!
3		Er sagt zu allem ja.
4		Ich gehe jetzt, es ist ja nicht mehr viel zu tun.
5		Das Kind bekommt ja Zähne!
6		Mensch, du bist ja schon größer als dein Bruder!
7		Mach ja deine Hausaufgaben!
8		Sie sagt „vielleicht" und meint doch „ja".
9		Heinz spricht ausgezeichnet Englisch. – Kein Wunder, er hat ja in England studiert.

i) „mal"

A *(Abtönungspartikel, unbetont) in Aufforderungen; wenn man ausdrücken will, dass das, was gemacht werden soll, leicht zu realisieren ist. Außerdem wirken Aufforderungen mit „mal" meist freundlicher:*
Warte mal einen Augenblick!
B *(umgangssprachlich für „einmal") früher:*
Er war mal ein bekannter Schauspieler.
C *(umgangssprachlich für „einmal") später:*
Vielleicht werden Sie mal ein berühmter Mann.
D *wenn man multipliziert:*
Fünf mal fünf ist fünfundzwanzig.

Welche Bedeutung (A, B, C oder D) hat „mal" in den folgenden Sätzen?

1		Mach mal das Fenster zu!
2		Er hat mir mal gesagt, dass seine Familie aus Polen kommt.
3		Gib mir doch mal die Zeitung!
4		Na, Kleiner, was willst du denn mal werden?
5		Wie viel ist siebzehn mal vier?
6		Ich hatte mal 'ne Freundin, die war zehn Jahre älter als ich.
7		Hast du mal 'ne Zigarette für mich?

j) „ruhig"

A *still, bewegungslos:*
Sie wohnen in einer ruhigen Straße.
B *(Abtönungspartikel, betont oder unbetont) in Aufforderungen; wenn dem Hörer signalisiert werden soll, dass er beruhigt tun kann, was ihm der Sprecher rät:*
Das kannst du ihm ruhig erzählen!

Welche Bedeutung (A oder B) hat „ruhig" in den folgenden Sätzen?

1		Sie können ihr das ruhig sagen, sie verträgt Kritik.
2		Wir wohnen in einer sehr ruhigen Gegend.
3		Jetzt seid doch mal endlich ruhig!
4		Du kannst ruhig schneller gehen, ich bin noch nicht müde.
5		Er ist ein sehr ruhiger Mensch.
6		Fahr ruhig im September nach Mexiko! Dann ist die Regenzeit vorüber.

Stufe 3B

k) „schon"

A *bereits (früher oder mehr als erwartet):*
   Willst du schon gehen?
B *(Abtönungspartikel, unbetont) in Aussagesätzen; wenn man jemanden beruhigen will:*
   Reg dich nicht auf. Es wird schon klappen.
C *(Abtönungspartikel, unbetont) in Aufforderungen; wenn man Ungeduld ausdrücken will:*
   Nun fang schon an!

Welche Bedeutung (A, B oder C) hat „schon" in den folgenden Sätzen?

1		Keine Sorge! Er wird schon wiederkommen.
2		Er kommt schon um 15.00 Uhr zurück.
3		Hab' keine Angst! Du wirst das schon schaffen.
4		Jetzt komm schon!
5		Er ist schon 92 Jahre alt.
6		Jetzt sag schon, was du willst!

l) „überhaupt"

A *Verstärkung einer Negation:*
   Das ist überhaupt nicht wahr.
B *(Abtönungspartikel, unbetont) in Fragesätzen; wenn man Zweifel oder Gereiztheit ausdrücken will:*
   Hat das überhaupt Zweck?
C *ganz allgemein:*
   Ich bin überhaupt der Meinung, dass das nicht seine Aufgabe ist.

Welche Bedeutung (A, B oder C) hat „überhaupt" in den folgenden Sätzen?

1		Kannst du mir mal deine Gitarre leihen? – Kannst du überhaupt spielen?
2		Das stimmt überhaupt nicht!
3		Mir gefällt es in London, überhaupt in England.
4		Was haben Sie hier überhaupt zu suchen?
5		Das ist überhaupt nicht möglich.
6		Die Landschaft ist herrlich, die Seen, die Berge und überhaupt die ganze Umgebung.

m) „vielleicht"

A *möglicherweise, eventuell:*
   Vielleicht komme ich morgen zu dir.
B *(Abtönungspartikel, unbetont) in Ausrufesätzen; wenn man erstaunt oder unangenehm überrascht ist:*
   Der Film war vielleicht langweilig!
C *(Abtönungspartikel, unbetont) in Fragesätzen; wenn man einen Vorwurf ausdrücken will:*
   Bin ich vielleicht dein Hausmädchen?

Welche Bedeutung (A, B oder C) hat „vielleicht" in den folgenden Sätzen?

1	In der Stadt waren vielleicht Leute!
2	Würden Sie vielleicht warten, bis Sie an der Reihe sind?
3	Er hat den Termin vielleicht vergessen.
4	Würdet ihr vielleicht aufhören, im Wohnzimmer mit dem Ball zu spielen?
5	Hier ist es vielleicht heiß!
6	Er hat sich vielleicht geirrt.
7	Wir kommen vielleicht nächste Woche zu euch.

n) „wohl"

A *gut, angenehm, gesund:*
   In diesem Haus werden Sie sich wohl fühlen.
B *(Abtönungspartikel, unbetont) in Aussage- und Fragesätzen; wenn man eine Vermutung ausdrücken will:*
   Er wird wohl bald kommen.

Welche Bedeutung (A oder B) hat „wohl" in den folgenden Sätzen?

1	Ich fühle mich schon seit mehreren Tagen nicht wohl.
2	Die Zeit wird wohl kaum reichen.
3	Ihr kennt euch wohl von früher her?
4	Ich fühle mich in dieser Stadt sehr wohl.
5	Ob er wohl das Fehlen der Papiere inzwischen bemerkt hat?

Stufe 3C

Austriazismen/Helvetismen

Austriazismen sind Wörter, die in Österreich verwendet werden. Sie gehören genauso wie die in der Schweiz verwendeten Helvetismen zum Zertifikatswortschatz. Im Folgenden werden diese Wörter in alphabetischer Reihenfolge angegeben. In Klammern steht das in Deutschland (= D) gebräuchliche Wort. (In der Regel sind die in Deutschland gebräuchlichen Wörter auch Österreichern und Schweizern bekannt.) Danach folgt jeweils ein Beispielsatz. Immer, wenn Sie ca. 20 Wörter durchgearbeitet haben, machen Sie die anschließende Übung.

1. Austriazismen (= A)

A: e Abfahrt, -en (D: e Ausfahrt, -en)	Jetzt kommt gleich die Abfahrt Wien Schwechat.
A: abdrehen (D: ausmachen)	Hast du auch das Licht abgedreht?
A: absperren (D: abschließen)	Haben Sie auch die Tür abgesperrt?
A: abwaschen (D: spülen/abwaschen)	Hast du das Geschirr abgewaschen?
A: am (D: auf dem)	Wir leben seit drei Jahren am Land.
A: angreifen (D: anfassen)	Greifen Sie bitte das Obst nicht an.
A: anschauen (D: ansehen/anschauen)	Er schaute mich erschrocken an.
A: auf (D: in/auf)	Unser Sohn kommt jetzt aufs Gymnasium.
A: aufmachen (D: öffnen/aufmachen)	Die Geschäfte machen gegen acht Uhr auf.
A: (aus)borgen (D: [aus]leihen)	Sie können diese Bücher in der Bibliothek ausborgen.
A: ausschauen (D: aussehen)	Er schaut gar nicht gut aus.
A: s Beisel, -n/s Gasthaus, ¨er (D: e Kneipe, -n)	Treffen wir uns heute Abend im Beisel?
A: die Berge (D: s Gebirge/die Berge)	Im Sommer gehe ich fast jedes Wochenende in die Berge.
A: brennen (D: an sein/brennen)	In seinem Zimmer hat die ganze Nacht das Licht gebrannt.
A: e Brieftasche, -n (D: e Geldbörse, -n)	Ich habe nur 20 Euro in meiner Brieftasche.
A: bringen (D: fahren/bringen)	Wir bringen dich natürlich nach Hause.
A: r Bub, -en (D: r Junge, -n)	a) In der Klasse sind 14 Buben und 11 Mädchen. b) Familie Huber hat 2 Buben und ein Mädchen.
A: s Cola (D: e Cola)	Was kostet das Cola?
A: e Creme, -n (D: e Creme, -s)	Diese Cremen tun deiner Haut sicher gut.
A: ebenfalls (D: gleichfalls/ebenfalls)	Guten Appetit! – Danke ebenfalls.
A: eingeschrieben (D: s Einschreiben, -/ eingeschrieben)	Wir haben den Brief eingeschrieben geschickt.

Übung 1 (Abfahrt – eingeschrieben)
Ersetzen Sie den Austriazismus durch das in Deutschland (= D) gebräuchliche Wort.

a) An der nächsten <u>Abfahrt</u> (D: _Ausfahrt_) müssen Sie die Autobahn verlassen.

b) Hast du die Tür auch wirklich <u>abgesperrt</u> (D: _____)?

c) Seit wann lebt ihr <u>am</u> (D: _____ _____) Land?

d) Ich habe vergessen, das Licht abzudrehen (D: _____).

e) Sie sollen doch das Gemüse nicht angreifen (D: _____)!

f) Du schaust genauso aus (D: _____ genauso _____) wie deine Schwester.

g) Ich habe meine Brieftasche (D: _____) verloren.

h) Heute Abend gehen wir ins Beisel (D: ____ _____ _____).

i) Familie Huber hat zwei Buben (D: _____) und ein Mädchen.

A: einsperren (D: schließen)	Mein Vater hat die Papiere im Schreibtisch eingesperrt.
A: s E-Mail, -s (D: e E-Mail, -s)	Ich schicke Ihnen morgen ein E-Mail.
A: r Erdapfel, ¨ (D: e Kartoffel, -n)	Heute gibt es Faschiertes, Erdäpfel und Fisolen.
A: s Faschierte (D: s Hackfleisch)	Heute gibt es Faschiertes und Nudeln.
A: r Fauteuil, -s (D: r Sessel, -)	Dieser Fauteuil ist sehr bequem.
A: e Fisole, -n (D: e Bohne, -n)	Wir essen gern Fisolen.
A: e Fleischhauerei, -en (D: e Metzgerei, -en)	Diese Fleischhauerei hat sehr gute Wurst.
A: in der Früh (D: am Morgen)	Heute in der Früh war starker Nebel.
A: gehen (D: fahren/gehen)	Der nächste Zug geht in einer halben Stunde.
A: r Gehsteig, -e (D: r Bürgersteig -e)	Der Gehsteig in der Kirchgasse ist sehr eng.
A: gerade (D: eben/gerade)	Wir sind gerade erst angekommen.
A: s Geschäft, -e (D: r Laden, ¨-/s Geschäft, -e)	Kleine Geschäfte werden immer seltener.
A: e Glocke, -n (D: e Klingel, -n)	Drücken Sie bitte auf die Glocke!
A: halt (D: eben/halt)	Ich spiele nicht mehr mit, ich habe halt kein Glück.
A: s Hendel, - (D: s Hähnchen, -)	Ich hätte gern ein Hendel mit Pommes frites.
A: heuer (D: dieses Jahr)	Heuer fahren wir nach Spanien auf Urlaub.
A: e Kassa (D: e Kasse, -n)	Wie viel Geld ist in der Kassa?
A: r Kasten, ¨ (D: r Schrank, ¨-e)	Die Betttücher liegen im Kasten.
A: s Kipferl, – (D: s Hörnchen, -)	Ich esse sehr gern Kipferl zum Frühstück.
A: e Kiste, -n (D: r Kasten, ¨)	Ich habe fünf Kisten Bier gekauft.
A: der Knödel, - (D: r Kloß, ¨-e)	Er mag Knödel mit Sauce.

Übung 2 (einsperren – Knödel)
Ersetzen Sie den Austriazismus durch das in Deutschland (= D) gebräuchliche Wort.

a) Gestern gab es Schnitzel, Erdäpfel (D: *Kartoffeln*) und Salat.

b) Heute gibt es Faschiertes (D: _____) mit Fisolen (D: _____).

c) In dieser Fleischhauerei (D: _____) ist die Wurst immer sehr gut.

d) Der Gehsteig (D: _____) ist in sehr schlechtem Zustand.

e) Eure Glocke (D: _____) hört man kaum.

f) Heuer (D: _____ _____) machen wir keinen Urlaub.

g) Die Handtücher liegen im Kasten (D: _____).

h) Auch in einem Biergarten bekommt man etwas zu essen, z. B. Hendel (D: _____) mit Pommes frites.

i) Die Kipferl (D: _____) schmecken wirklich sehr gut.

A: kosten (D: versuchen/kosten)	Kosten Sie doch mal ein Stück Apfelkuchen.
A: e Krankenkassa (D: e Krankenkasse, -n)	Bei welcher Krankenkassa bist du?
A: r Krankenschein, -e (D: e Versichertenkarte, -n)	Haben Sie Ihren Krankenschein dabei?
A: s Kuvert, -s (D: r Briefumschlag, ¨-e/s Kuvert, -s)	Ich hätte gern 100 Kuverts.
A: läuten (D: klingeln/läuten)	Familie Bächler: 2× läuten/Das Telefon läutet.

Stufe 3C

A:	r Lehrling, -e (D: r/e Auszubildende, -n/ r Lehrling, -e)	Der Meister kümmert sich um die Ausbildung der Lehrlinge.
A:	liegen: <u>ist</u> gelegen (D: <u>hat</u> gelegen)	Er ist den ganzen Tag auf dem Sofa gelegen.
A:	r Lift, -e (D: r Aufzug, ¨e/r Lift, -e)	Der Lift ist schon wieder kaputt.
A:	r Lohn, ¨e (D: s Gehalt, ¨er/r Lohn, ¨e)	Er ist mit seinem Lohn zufrieden.
A:	e Marille, -n (D: e Aprikose, -n)	Schmecken euch die Marillen?
A:	e Matura (D: s Abitur)	Unser Sohn hat gerade die Matura gemacht.
A:	s Mineral(wasser) (D: s Wasser)	Ein Glas Mineralwasser, bitte!/Ein Mineral, bitte.
A:	r Mistkübel, - (D: r Mülleimer, -)	Warum hast du die Zeitungen in den Mistkübel geworfen?
A:	momentan (D: augenblicklich/momentan)	Was wissen Sie über die momentane Lage im Krisengebiet?
A:	e Nachspeise, -n (D: r Nachtisch)	Als Nachspeise gibt es Schokoladenpudding.
A:	r Nationalrat (D: r Bundestag)	Die Diskussion im Nationalrat hat sehr lange gedauert.
A:	offen sein (D: auf sein/offen sein)	Die Fenster waren alle offen.
A:	e Orange, -n (D: e Apfelsine, -n/e Orange, -n)	Möchten Sie eine Orange?
A:	e Ordination, -en (D: a) e Arztpraxis, Arztpraxen b) e Sprechstunde, -n)	a) Sie hat die Ordination neu eröffnet. b) Dr. Margreiter hat am Nachmittag keine Ordination.
A:	s Packerl, - (D: s Päckchen, -)	Ich habe ein Packerl für Ihren Sohn.
A:	e Palatschinke, -n (D: r Pfannkuchen, -)	Ich esse sehr gern Palatschinken.
A:	r Paradeiser, - (D: e Tomate, -n)	Was kostet ein Kilo Paradeiser?

Übung 3 (kosten – Paradeiser)
Welche der unterstrichenen Austriazismen werden auch in Deutschland verwendet?

	ja	nein
a) Der Kuchen schmeckt wirklich sehr gut. <u>Koste</u> doch mal!	×	
b) Du, ich glaube, es hat <u>geläutet</u>.		
c) Die <u>Marillen</u> schmecken sehr gut.		
d) Unsere Tochter macht heuer die <u>Matura</u>.		
e) Der <u>Mistkübel</u> ist voll.		
f) Er ist <u>momentan</u> arbeitslos.		
g) Die Tür war <u>offen</u>.		
h) Ich esse gern <u>Orangen</u>.		
i) Dr. Maier hat nur am Vormittag <u>Ordination</u>.		

A:	s Parterre (D: s Erdgeschoss, -e/s Parterre)	Meine Großeltern wohnen im Parterre.
A:	e Pension, -en (D: e Rente, -n)	Seit seinem schweren Autounfall bekommt er eine Pension.
A:	r Polster, - (D: s Kissen, -)	Sie schläft gern ohne Polster.
A:	s Prospekt, -e (D: r Prospekt, -e)	Wo hast du das Prospekt her?
A:	putzen (D: reinigen)	Ich habe die Kleider putzen lassen.
A:	rennen (D: a) laufen/rennen b) laufen)	Bis ich alle Papiere hatte, musste ich von Amt zu Amt rennen. Dieser Film rennt schon seit sechs Wochen.
A:	e Rettung (D: r Krankenwagen, -)	Die Verletzung war so schwer, dass wir die Rettung rufen mussten.
A:	s Sackerl, - (D: e Tüte, -n)	Geben Sie mir bitte noch ein paar Sackerl.
A:	e Saison, -en (D: e Saison, -s)	Dieses Hotel hat in allen 4 Saisonen viele Gäste.
A:	schalten (D: springen/schalten)	Die Ampel schaltet auf Rot.
A:	schauen (D: gucken/schauen)	Schauen Sie einmal!
A:	r Schlag/s Schlagobers (D: e Sahne)	Ich nehme ein Stück Sachertorte mit Schlag.
A:	sich schrecken (D: erschrecken)	Sie schreckt sich leicht.
A:	e Schularbeit (D: e Klassenarbeit, -en)	Morgen schreiben wir eine Schularbeit.
A:	s Schwammerl, -n (D: r Pilz, -e)	Heute Abend gibt's bei uns Schwammerln.
A:	e Semmel, -n (D: s Brötchen, -)	Ich hole schnell ein paar Semmeln.
A:	r Sessel, - (D: r Stuhl, ¨e)	Im Restaurant war kein Sessel mehr frei.
A:	sitzen, <u>ist</u> gesessen (D: <u>hat</u> gesessen)	Wir sind in der vordersten Reihe gesessen.
A:	s Sofa, -s (D: e Couch, -s/s Sofa, -s)	Wir haben uns ein Sofa und zwei neue Fauteuils gekauft.
A:	e Speise, -n (D: s Gericht, -e/e Speise, -n)	Was ist deine Lieblingsspeise?

A: s Spital, ¨-er (D: s Krankenhaus, ¨-er)   Sie musste ins Spital.
A: e Station, -en (D: e Haltestelle, -n/e Station, -en)   An der übernächsten Station müssen wir aussteigen.

Übung 4 (Parterre – Station)
Welche der unterstrichenen Austriazismen werden auch in Deutschland verwendet?

	ja	nein
a) Meine Tante wohnt im Parterre.	×	
b) Schläfst du mit oder ohne Polster?		
c) Heute Morgen musste ich rennen, um den Zug nicht zu versäumen.		
d) Er musste mit der Rettung ins Spital gebracht werden.		
e) Im Supermarkt: Ich hätte gern noch zwei Sackerl.		
f) Ich nehme ein Stück Zitronentorte mit Schlagobers.		
g) Wir haben nur wenige Schwammerln gefunden.		
h) Wir brauchen ein neues Sofa.		
i) An welcher Station muss ich aussteigen?		

A: stehen, ist gestanden (D: hat gestanden)   Wir sind während der ganzen Fahrt gestanden.
A: steigen (D: treten)   Ich bin auf ein Stück Glas gestiegen.
A: e Stiege, -n (D: e Treppe, -n)   Eine schmale Stiege führte in den Keller.
A: super (D: prima/super)   Der Film ist wirklich super!
A: e Telefonwertkarte, -n (D: e Telefonkarte, -n)   Ich brauche eine neue Telefonwertkarte.
A: r Topfen (D: r Quark)   Ich hätte gern drei Stück Topfentorte.
A: e Trafik, -en (D: r Kiosk, -e)   Zigaretten kriegen Sie auch in der Trafik.
A: e Türschnalle, -n (D: e Türklinke, -n)   In diesem Schloss sind die Türschnallen aus reinem Gold.
A: übersiedeln (D: umziehen)   Familie Maier ist nach Wien übersiedelt.
A: vergessen auf (D: etwas vergessen)   Tut mir Leid, ich habe auf den Termin vergessen.
A: sich verkühlen (D: sich erkälten)   Unsere Tochter hat sich beim Baden verkühlt.
A: verlangen (D: nehmen/verlangen)   Er hat 400 Schilling für diese kleine Reparatur verlangt.
A: vis-à-vis (D: gegenüber/vis-à-vis)   Das Geschäft liegt direkt vis-à-vis vom Bahnhof.
A: e Volksschule, -n (D: e Grundschule, -n)   Unsere Tochter kommt im Herbst in die Volksschule.
A: r Vorrang (D: e Vorfahrt)   Der Motorradfahrer hatte den Vorrang nicht beachtet.
A: r Waggon, -s (D: r Wagen, -/r Waggon, -s)   Im mittleren Waggon ist das Zugrestaurant.
A: r Wohnblock, ¨-e (D: r Wohnblock, -s)   In diesem Viertel werden neue Wohnblöcke gebaut.
A: r Zug, ¨-e (D: e Bahn, -en/r Zug, ¨-e)   Wir kommen mit dem Zug.
A: zumachen (D: schließen/zumachen)   Machen Sie bitte die Tür zu.
A: s Zündholz, ¨-er/die Zünder (D: s Streichholz, ¨-er)   Ich hätte gern eine Schachtel Zünd(hölz)er.
A: zusperren (D: schließen/zumachen)   Wenn die Wirtschaftslage sich nicht verbessert, müssen wir unseren Betrieb zusperren.
A: e Zwetschke, -n (D: e Pflaume, -n)   Zwetschkenkuchen mag ich nicht.

Übung 5 (stehen – Zwetschke)
Notieren Sie, ob es sich bei dem unterstrichenen Wort um einen Austriazismus (= A) oder um ein in Deutschland (= D) gebräuchliches Wort handelt?

a) Wir haben (D) während der ganzen Fahrt gestanden.

b) Ich habe meine Telefonwertkarte (____) verloren.

c) Die Treppe (____), die in den ersten Stock führte, war sehr steil.

d) Ich esse sehr gerne Quark. (____)

e) In der Trafik (____) kriegen Sie Zeitungen und Zigaretten.

f) Familie Huber ist nach Innsbruck übersiedelt. (____)

g) Der Unfall passierte, weil der Lastwagenfahrer die <u>Vorfahrt</u> (____) nicht beachtet hatte.

h) In der Innenstadt werden neue <u>Wohnblocks</u> (____) gebaut.

i) Ich glaube, unser Betrieb wird bald <u>zusperren</u> (____).

2. Helvetismen (= CH)

CH: r Abwart, -e (D: r Hausmeister, -)	Am besten, Sie sprechen mit dem Abwart.
CH: r Ammann, ¨-er (Dorf) (D: r Bürgermeister, -)	In unserem Dorf wurde eine Frau zum Ammann gewählt.
CH: r Stadtpräsident, -en (Stadt) (D: r Bürgermeister, -)	Der Stadtpräsident hielt die Eröffnungsrede zur Industrieausstellung.
CH: e Annonce, -n (D: e Anzeige, -n/e Annonce, -n)	Auf unsere Annonce in der Zeitung hat sich bis jetzt noch niemand gemeldet.
CH: auf (D: bei/auf)	Mein Mann arbeitet auf der Post.
CH: r Betrieb, -e (D: s Werk, -e)	Morgen werden wir den Betrieb besichtigen.
CH: s Billett, -e (D: e Fahrkarte, -n)	Billette können Sie auch am Automaten bekommen.
CH: s Billett, -s (D: e Eintrittskarte, -n)	Ich habe zwei Billetts für die Spätvorstellung.
CH: bleich (D: blass)	Sie sind so bleich – sind Sie krank?
CH: r Block, -s/r Block, ¨-e (D: r Wohnblock, -s)	Neben dem Stadion werden neue Blocks gebaut.
CH: e Büchse, -n (D: e Dose, -n)	Wirf doch die leeren Büchsen in den Mülleimer!
CH: r Camion, -s (D: r Last[kraft]wagen, -)	Camions dürfen hier sonntags nicht fahren.
CH: r Chauffeur, -e (D: r Fahrer, -)	Er ist Chauffeur von Beruf.
CH: r Coiffeur, -e (D: r Friseur, -e)	Diese Woche muss ich unbedingt noch zum Coiffeur.
CH: e Coiffeuse, -n (D: e Friseurin, -nen)	Sie arbeitet jetzt schon seit 30 Jahren als Coiffeuse.
CH: s Cola (D: e Cola)	Was kostet das Cola?
CH: s Couvert, -s (D: r Briefumschlag, ¨-e/s Kuvert, -s)	Ich hätte gern 100 Couverts.
CH: s Dessert, -s (D: r Nachtisch/s Dessert, -s)	Als Dessert gibt es Schokoladenpudding.
CH: dünken (+ Akk.) (D: erscheinen [+ Dat.])	Dieses Argument dünkt mich besonders wichtig.
CH: s E-Mail, -s (D: e E-Mail, -s)	Ich schicke Ihnen morgen ein E-Mail.
CH: exakt (D: genau/exakt)	Die Vorstellung beginnt exakt um 20.00 Uhr.

Übung 1 (Abwart – exakt)
Ersetzen Sie den Helvetismus durch das in Deutschland (= D) gebräuchliche Wort.

a) Wenn Sie ein Problem mit der Wasserleitung haben, sprechen Sie am besten mit dem <u>Abwart</u> (D: *Hausmeister*).

b) Der <u>Stadtpräsident</u> (D: _____) von Zürich hielt die Eröffnungsrede.

c) <u>Das Billett</u> (D: _____) ist einen Monat gültig.

d) Du, ich glaube, ich habe die <u>Billetts</u> (D: _____) zu Hause liegen lassen.

e) Der <u>Camion</u> (D: _____) fährt doch viel zu schnell!

f) Ich muss unbedingt zum <u>Coiffeur</u> (D: _____)!

g) Wenn du <u>Couverts</u> (D: _____) brauchst, die sind hier im Schreibtisch.

h) Heute Abend gibt's Ravioli aus der <u>Büchse</u> (D: _____).

i) Dieses Thema <u>dünkt mich</u> (D: _____) besonders wichtig.

CH: r Fauteuil, -s (D: r Sessel, -)	Dieser Fauteuil ist sehr bequem.
CH: farbig (D: bunt)	Wie gefällt dir das farbige Kleid?
CH: die Ferien (D: r Urlaub)	Ich habe 30 Tage Ferien im Jahr.
CH: r Führerausweis, -e (D: r Führerschein, -e)	Seit wann hast du den Führerausweis?

CH: e (Gebrauchs)anleitung, -en (D: e Gebrauchsanweisung, -en)	Verstehst du, was in der Gebrauchsanleitung steht?
CH: Gesundheit! (D: Prost)	Gesundheit! (als Trinkspruch)
CH: e Glace, -n (D: s Eis)	Heute lade ich euch zu einer Glace ein.
CH: e Gratulation, -en (D: r Glückwunsch, ¨-e)	Sie hat von allen Seiten Gratulationen zur bestandenen Prüfung bekommen.
CH: haben (D: besitzen/haben)	Mein Sohn hat einen eigenen Computer.
CH: r Harass, -e (D: r Kasten, ¨-)	Ich habe drei Harasse Bier bestellt.
CH: s Heft, -e (D: e Illustrierte, -n)	Ich habe mir für die Reise ein paar Hefte gekauft.
CH: herauskommen (D: erscheinen)	Die Zeitschrift kommt wöchentlich heraus.
CH: die Jungen (D: r Jugendliche, -n)	Diese Veranstaltung wird vor allem von Jungen besucht.
CH: r Jupe, -s (D: r Rock, ¨-e)	Diese Bluse passt nicht zu deinem Jupe.
CH: r Kasten, ¨- (D: r Schrank, ¨-e)	Die Betttücher liegen im Kasten.
CH: die Kleider (D: e Kleidung/die Kleider)	In den Bergen brauchen Sie auch im Sommer warme Kleider.
CH: e Konfitüre, -n (D: e Marmelade, -n/die Konfitüre, -n)	Ich esse gern Brötchen mit Butter und Konfitüre.
CH: s Korn (D: s Getreide)	Das Korn ist bald reif.
CH: läuten (D: klingeln/läuten)	Bei Klötzli bitte 3× läuten.
CH: r Lohn, ¨-e (D: s Gehalt, ¨-er/r Lohn, ¨-e)	Er ist mit seinem Lohn zufrieden.
CH: e Matura (D: s Abitur)	Unser Sohn hat gerade die Matura gemacht.

Übung 2 (Fauteuil – Matura)
Ersetzen Sie den Helvetismus durch das in Deutschland (= D) gebräuchliche Wort.

a) Wo habt ihr die Fauteuils (D: *Sessel*) gekauft?

b) Um den Führerausweis (D: _____) zu machen, muss man mindestens 18 Jahre alt sein.

c) Gebrauchsanleitungen (D: _____) sind oft sehr unklar.

d) Gehen wir eine Glace (D: ___ _____) essen?

e) Was kostet ein Harass (D: _____) Bier?

f) Die Handtücher sind unten im Kasten (D: _____).

g) Diese Kleidung wird vor allem von Jungen (D: _____) getragen.

h) Wann wird das Korn (D: _____) geerntet?

i) Unsere Tochter macht in einem Jahr die Matura (D: ___ _____).

CH: s Menü, -s (D: e Mahlzeit, -en)	In der Schweiz gibt es meistens nur einmal am Tag ein warmes Menü.
CH: momentan (D: augenblicklich/momentan)	Heute Abend kommt ein Bericht über die momentane Lage im Krisengebiet.
CH: s Morgenessen (D: s Frühstück)	Das Morgenessen wird ab 7.30 Uhr serviert.
CH: nach (+ Dat.) (D: entlang/nach)	Gehen Sie immer der Hauptstraße nach.
CH: r Nationalrat (D: r Bundestag)	Die Diskussion im Nationalrat hat wieder einmal sehr lange gedauert.
CH: e Note, -n (D: r Schein, -e)	Kannst du diese Fünfzigfrankennote wechseln?
CH: s Parterre (D: s Erdgeschoss/s Parterre)	Meine Großeltern wohnen im Parterre.
CH: sich pensionieren lassen (D: in Rente gehen)	Am liebsten würde ich mich mit 55 pensionieren lassen.
CH: s/r Perron, -s (D: r Bahnsteig, -e)	Er stand mit seinen Koffern auf dem Perron.
CH: e Pfanne, -n (D: r Topf, ¨-e)	Haben Sie keine größere Pfanne?
CH: r Pneu, -s (D: r Reifen, -)	Unser Wagen braucht vorn zwei neue Pneus (gesprochen: Pnö).
CH: s Portemonnaie, -s (D: e Geldbörse, -n/s Portemonnaie, -s)	Ich habe nur 10 Franken in meinem Portemonnaie.

CH: r Pöstler, - (D: r Briefträger, -) — War der Pöstler heute schon da?
CH: s Poulet, -s (D: s Hähnchen, -) — Ich hätte gern ein Poulet mit Pommes frites.
CH: pressieren (D: sich beeilen) — Wenn du pressierst, erreichst du den letzten Zug noch.
CH: r Prospekt, -e (D: e Broschüre, -n) — In dem Prospekt findet ihr die neuesten Informationen.
CH: s Pult, -e (D: r Schreibtisch, -e) — Ich habe mir ein neues Pult für mein Arbeitszimmer gekauft.
CH: s Radio (D: r Rundfunk/s Radio) — Sie hören Schweizer Radio DRS 1.
CH: r Rahm (D: e Sahne) — Ich nehme ein Stück Kuchen mit Rahm.

Übung 3 (Menü – Rahm)
Ersetzen Sie den Helvetismus durch das in Deutschland (= D) gebräuchliche Wort.

a) Was trinkst du zum Morgenessen (D: ~~Frühstück~~), Kaffee oder Tee?

b) Können Sie diese Hundertfrankennote (D: _____ _____) wechseln?

c) Auf dem Perron (D: _____) warteten viele Leute auf den Zug.

d) In welcher Pfanne D: _____ _____) kochst du die Kartoffeln?

e) Um wie viel Uhr kommt der Pöstler (D: _____) normalerweise?

f) Heute gibt es Poulet (D: _____) mit Reis.

g) Ihr müsst pressieren (D: _____ _____), sonst verpasst ihr den Zug.

h) Der Täter hatte die Waffe im Pult (D: _____) versteckt.

i) Ich nehme eine Glace (D: _____ _____) mit Rahm (D: _____).

CH: reformiert/protestantisch (D: evangelisch/protestantisch) — Seine Mutter ist katholisch, sein Vater reformiert.
CH: e Reklame, -n (D: e Werbung, -en/e Reklame, -n) — Diese Reklame ist wirklich sehr lustig.
CH: r Rock, ¨e (D: s Kleid, -er) — Ich muss mir unbedingt einen neuen Rock kaufen.
CH: r Schluss (D: s Ende/r Schluss) — Der Wagen nach St. Gallen ist am Schluss des Zuges.
CH: s Sofa, -s (D: e Couch, -s/s Sofa, -s) — Wir haben uns ein neues Sofa gekauft.
CH: s Spital, ¨er (D: s Krankenhaus, ¨er) — Er ist jetzt schon seit zwei Monaten im Spital.
CH: e Station, -en (D: e Haltestelle, -n/e Station, -en) — An der übernächsten Station müssen wir aussteigen.
CH: e Taxcard (D: e Telefonkarte, -n) — Ich finde meine Taxcard nicht mehr.
CH: e Telefonkabine, -n (D: e Telefonzelle, -n/ e Telefonkabine, -n) — Wo ist hier die nächste Telefonkabine?
CH: r Titel, - (D: e Überschrift, -en) — Findest du, dass dieser Titel zum Inhalt des Aufsatzes passt?
CH: s Tram, -s (D: e Straßenbahn, -en) — Wann kommt das nächste Tram?
CH: s Trottoir, -s (D: r Bürgersteig, -e/s Trottoir, -s) — In der Berggasse ist das Trottoir sehr schmal.
CH: unterdessen (D: inzwischen/unterdessen) — Herr Vetterli kommt gleich zurück. Sie können unterdessen in seinem Büro warten.
CH: s Velo, -s (D: s Fahrrad, ¨er) — Er fährt jeden Morgen mit dem Velo zur Arbeit.
CH: Velo fahren (D: Rad fahren) — Ich gehe noch ein bisschen Velo fahren mit Heidi.
CH: vis-à-vis (D: gegenüber/vis-à-vis) — Das Geschäft liegt direkt vis-à-vis vom Bahnhof.
CH: r Vortritt (D: e Vorfahrt) — Der Radfahrer hat den Vortritt nicht beachtet.
CH: s Warenhaus, ¨er (D: s Kaufhaus, ¨er) — Diesen Artikel bekommen Sie in jedem Warenhaus.
CH: s Zündholz, ¨er (D: s Streichholz, ¨er) — Ich hätte gern zwei Schachteln Zündhölzer.

Übung 4 (reformiert – Zündholz)
Notieren Sie, ob es sich bei dem unterstrichenen Wort um einen Helvetismus (= CH) oder um ein in Deutschland gebräuchliches Wort (= D) handelt?

a) Mein Vater ist katholisch, meine Mutter reformiert (_CH_).

b) In ihrem langen Abendrock (____) sieht sie sehr elegant aus.

c) Ich glaube, ich habe meine Taxcard (____) verloren.

d) Wo ist hier die nächste Telefonzelle (____)?

e) Wie oft fährt eigentlich das Tram (____)?

f) Es ist verboten, mit dem Fahrrad auf dem Bürgersteig (____) zu fahren.

g) Am Wochenende fahre ich sehr oft mit dem Velo (____).

h) Der Unfall passierte, weil der Autofahrer den Vortritt (____) nicht beachtet hatte.

i) Weißt du, wo die Streichhölzer (____) sind?

Die folgenden Übungen beziehen sich auf die komplette Liste der Austriazismen bzw. Helvetismen und ihre in Deutschland gebräuchlichen Entsprechungen.

Übung A: Haben Sie Hunger?
Ersetzen Sie den Austriazismus durch das in Deutschland gebräuchliche Wort.

a) Wieviel kostet ein Kilo Erdäpfel (D: _Kartoffeln_)?

b) Morgen Abend gibt es Faschiertes (D:_____) mit Püree und Fisolen (D:_____).

c) Wir kaufen unser Fleisch fast immer in dieser Fleischhauerei (D:_____).

d) Ich nehme ein Hendel (D:_____) mit Reis.

e) Morgens esse ich meistens nur ein Kipferl (D:_____).

f) In fast jedem Gasthaus in Österreich bekommt man Knödel D:_____).

g) Sind die Marillen (D:_____) schon reif?

h) Die Palatschinken (D:_____), die meine Mutter macht, schmecken mir am besten.

i) Diese Paradeiser (D:_____) sind zwar schön rot, sie haben aber nur wenig Geschmack.

j) Ich hätte gern ein gemischtes Eis mit Schlagobers (D:_____).

k) Heute Abend gibt es bei uns Omelette mit frischen Schwammerln (D:_____).

l) Ich esse sehr gern Zwetschkenkuchen (D:_____kuchen).

Übung B
Viele Helvetismen kommen aus dem Französischen. Wie heißt das in Deutschland gebräuchliche Wort?

a) Ich habe zwei Billetts (D: _Eintrittskarten_) für das Konzert morgen Abend.

b) Der Unfall passierte, weil der Camion (D:_____) viel zu schnell gefahren war.

c) Mein Vater ist Chauffeur (D:_____) bei der PTT.

d) Unser Sohn will unbedingt Coiffeur (D:_____) werden.

e) Wir haben vergessen, Couverts (D:_____) zu kaufen.

f) Mein Großvater sitzt fast den ganzen Tag im Fauteuil (D: _____) und liest.

g) Diese Glace (D: Dieses _____) schmeckt wirklich sehr gut.

h) Was kostet diese Jupe (D: _____)?

i) Auf dem Perron (D: _____) warteten viele Leute auf ihren Zug.

j) Diese Pneus (D: _____) sind im Sonderangebot 20% billiger.

k) Ich nehme ein Poulet (D: _____) mit Pommes frites und Salat.

l) Wenn du nicht pressierst (D: _____ nicht _____), kommst du zu spät zur Arbeit.

m) Unsere Kinder fahren mit dem Velo (D: _____) zur Schule.

Übung C
Die folgenden Austriazismen bzw. Helvetismen werden auch in Deutschland verwendet, aber mit einer anderen Bedeutung. Kreuzen Sie diese Bedeutung an.

a) A: e Abfahrt, -en   D: ☒ Beginn einer Fahrt
                                           ☐ Ausfahrt an einer Autobahn

b) A: e Brieftasche, -n   D: ☐ Portemonnaie
                                           ☐ Darin sind z. B. Ausweis, Führerschein, Versichertenkarte, etc.

c) CH: die Jungen (Plural)   D: ☐ Gegenteil von: die Mädchen
                                           ☐ Jugendliche

d) A/CH: r Kasten, ⸚   D: ☐ Schrank
                                           ☐ Darin transportiert man Bierflaschen, Limonadenflaschen, etc.

e) CH: e Pfanne, -n   D: ☐ Darin kocht man z. B. Kartoffeln oder Gemüse
                                           ☐ Darin brät man z. B. Fleisch oder Fisch

f) CH: s Pult, -e   D: ☐ Hoher kleiner Tisch für Redner oder Dirigenten
                                           ☐ Schreibtisch

g) A: e Rettung   D: ☐ Aktion, bei der Personen gerettet werden
                                           ☐ Krankenwagen

Wortgruppenliste

In dieser Liste sind Wörter zusammengestellt, die geschlossene Gruppen bilden (z. B. Zahlwörter, Jahreszeiten). Auch sie gehören zu dem Wortschatz, der im „Zertifikat Deutsch" vorausgesetzt wird. (Die Wortgruppenliste ist entstanden in Anlehnung an: Zertifikat Deutsch. Herausgegeben von Weiterbildungs-Testsysteme GmbH, Goethe-Institut, Österreichisches Sprachdiplom Deutsch, Schweizerische Konferenz der kantonalen Erziehungsdirektoren. 1. Auflage 1999, S. 254–259.)

a) Zahlen

1	eins	13	dreizehn		
2	zwei	14	vierzehn	60	sechzig
3	drei	15	fünfzehn	70	siebzig
4	vier	16	sechzehn	80	achtzig
5	fünf	17	siebzehn	90	neunzig
6	sechs	18	achtzehn	100	(ein)hundert
7	sieben	19	neunzehn	101	hunderteins
8	acht	20	zwanzig	200	zweihundert
9	neun	21	einundzwanzig	1 000	(ein)tausend
10	zehn	30	dreißig	1 000 000	eine Million, -en
11	elf	40	vierzig	1 000 000 000	eine Milliarde, -en
12	zwölf	50	fünfzig		

der/die/das				
erste		erstens	einmal	einfach
zweite		zweitens	zweimal	zweifach
dritte		drittens	dreimal	dreifach
vierte		viertens	viermal	vierfach
fünfte		fünftens	...	...
sechste		sechstens		
siebte		siebtens		
achte		achtens		
...		...		
zwanzigste				
einundzwanzigste				
...				

b) Bruchzahlen/Brüche

1/2	ein halb-; halb
1/3	ein Drittel
1/4	ein Viertel; Viertel
1/5	ein Fünftel
1/6	ein Sechstel
1/7	ein Siebtel
1/8	ein Achtel
1/9	ein Neuntel
1/10	ein Zehntel
...	

c) Datum

1988 = neunzehnhundertachtundachtzig

heute ist der 1. Januar / 15. August = heute ist der erste Januar / der fünfzehnte August = heute ist der erste Erste / der fünfzehnte Achte

München, den 6. Januar 2004 = München, den sechsten Ersten zweitausendvier

d) Uhrzeit

0.03 Uhr: null Uhr drei
7.15 Uhr: sieben Uhr fünfzehn
13.17 Uhr: dreizehn Uhr siebzehn
24.00 Uhr: vierundzwanzig Uhr

ein Uhr
fünf Minuten vor/nach eins (ein Uhr)
Viertel nach zwei (zwei Uhr) A: viertel drei ($^1/_4$ 3)
halb drei
Viertel vor drei (drei Uhr) A: dreiviertel drei ($^3/_4$ 3)

e) Zeitmaße, Zeitangaben

die Sekunde, -n	sekundenlang
die Minute, -n	minutenlang
die Stunde, -n	stundenlang
die Viertelstunde, -n	
der Tag, -e	tagelang
die Woche, -n	wochenlang
der Monat, -e	monatelang
das Jahr, -e	jahrelang
das Jahrzehnt, -e	jahrzehntelang
das Jahrhundert, -e	jahrhundertelang

f) Woche/Wochentage

der Wochentag, -e	wochentags, werktags
der Sonntag	sonntags
der Montag	montags
der Dienstag	dienstags
der Mittwoch	mittwochs
der Donnerstag	donnerstags
der Freitag	freitags
der Samstag/der Sonnabend	samstags/sonnabends
das Wochenende	am Wochenende

g) Tag/Tageszeiten

der Tag	tagsüber
der Morgen	morgens, am Morgen (A: in der Früh)
der Vormittag, -e	vormittags, am Vormittag
der Mittag	mittags, zu Mittag
der Nachmittag, -e	nachmittags, am Nachmittag
der Abend, -e	abends, am Abend
die Nacht, ¨e	nachts, in der Nacht
die Mitternacht	um Mitternacht

h) Monat/Monatsnamen

der Januar (A: der Jänner)	der Mai	der September
der Februar (A auch: der Feber)	der Juni	der Oktober
der März	der Juli	der November
der April	der August	der Dezember

i) Jahr/Jahreszeiten

der Frühling/das Frühjahr
der Sommer
der Herbst
der Winter

j) Feiertage/Feste

Neujahr (1. 1.)
Fasching, Karneval/Fas(t)nacht
Ostern
Pfingsten
Weihnachten (24. bis 26. 12.)
Silvester (31. 12.)

k) Maße und Gewichte

der Zentimeter, -
ein Zentimeter (1 cm)
der Meter, -
ein Meter (1 m)
ein Meter fünfzehn (1,15 m)
vier Meter (4 m)
der Kilometer, -
dreihundert Kilometer (300 km)
der Quadratmeter
ein Quadratmeter (1 m²)

der Grad, -e
ein Grad unter Null (−1°)
vier Grad über Null (+4°)

das Prozent, -e
ein Prozent (1 %)
hundert Prozent (100 %)

der Liter, -
ein Liter (1 l)
zwanzig Liter (20 l)
der Deziliter (Wein) (0,1 l)

das Gramm
ein Gramm (1 g)
hundert Gramm (100 g)

das Dekagramm (A)
1 Deka(gramm) (A) (1 dag)

das Pfund (D, CH)
ein Pfund (D, CH) (1 Pfd.)
zehn Pfund (D, CH) (10 Pfd.)

das Kilo(gramm)
ein Kilo(gramm) (1 kg)
zwanzig Kilo(gramm) (20 kg)

l) Länder/Ländernamen

Deutschland
der/die Deutsche, -n – ein Deutscher, eine Deutsche, Deutsche
deutsch

Österreich
der Österreicher, -; die Österreicherin, -nen
österreichisch

die Schweiz
der Schweizer, -; die Schweizerin, -nen
Schweizer, schweizerisch

Europa
der Europäer, -; die Europäerin, -nen
europäisch

m) Währungen

1 Euro
1 DM (D-Mark, Deutsche Mark)
1 Sfr (Schweizer Franken)
1 öS (Österreichischer Schilling)

100 Cent
100 Pfennig
100 Rappen
100 Groschen

n) Politische Einheiten und Begriffe

die Europäische Union

Deutschland Bundesrepublik Deutschland
der Bundespräsident/die Bundespräsidentin
der Bundestag
der Bundeskanzler/die Bundeskanzlerin
die Bundesregierung
das Bundesland
der Bundesminister/die Bundesministerin

	der Ministerpäsident/die Ministerpräsidentin
	die Landesregierung
	der Landtag
	der Senat/der Senator/die Senatorin
	der Bürgermeister/die Bürgermeisterin
	der/die Ausländerbeauftragte
Österreich	Republik Österreich
	der Bundespräsident/die Bundespräsidentin
	der Nationalrat
	der Bundeskanzler/die Bundeskanzlerin
	die Bundesregierung
	der Bundesminister/die Bundesministerin
	das Bundesland
	der Landeshauptmann/die Landeshauptfrau
	die Landesregierung
	der Landtag
	der Bürgermeister/die Bürgermeisterin
	der/die Ausländerbeauftragte
Schweiz	Confoederatio Helvetica/die Schweizerische Eidgenossenschaft
	der Bundesrat/die Bundesrätin
	der Nationalrat
	der Ständerat
	die Bundesversammlung
	das Departement
	der Kanton
	das Kantonsparlament
	die Kantonsregierung
	der Kantonsrat = der Große Rat = der Landrat = das Parlament
	der Ammann/der Stadtpräsident

o) Schulen und Bildungseinrichtungen

Deutschland	die Grundschule/Hauptschule/Realschule/Gesamtschule/Berufsschule
	das Gymnasium
	die Volkshochschule
	die Fachhochschule
	die Universität
Österreich	die Volksschule/Hauptschule/Gesamtschule/Berufsschule
	die Allgemeinbildende Höhere Schule (AHS) = die Mittelschule = das Gymnasium
	die Berufsbildende Höhere Schule (= BHS)
	die Universität, die Fachhochschule
	die Volkshochschule
Schweiz	die Primarschule
	Sekundarstufe I: Abschlussklassen, Realschule, Sekundarschule, Bezirksschule, Unter-/Progymnasium (Orientierungsstufe)
	Sekundarstufe II: die Mittelschule = das Gymnasium, die Berufsschule, die Berufsmittelschule, die Diplommittelschule, das Lehrerseminar
	die Universität, die Fachhochschule
	die Volkshochschule

Alphabetische Wortliste

Diese Liste umfasst ca. 2330 Stichwörter. Zu jedem Stichwort finden Sie bis zu 5 Angaben. Die erste Zahl bezeichnet die Stufe, die zweite die Nummer der Übung.

ab **3A**, 15
abbiegen **1**, 28; **2**, 23
aber **1**, 4; **1**, 5; **1**, 17; **1**, 26; **3B**, 4a
abfahren **1**, 6; **1**, 23; **3A**, 21
e Abfahrt **2**, 20; **3A**, 21
r Abfall, ¨e **2**, 34
abfliegen **1**, 28
s Abgas, e **3A**, 29
abgeben **1**, 28; **2**, 18
abhängen **1**, 28
abhängig **1**, 33
abheben **1**, 28
abholen **3A**, 5
s Abitur **1**, 32
ablehnen **1**, 23; **1**, 25; **1**, 28
abmachen **3A**, 17
jdn./sich abmelden **1**, 28
abnehmen **1**, 23; **3A**, 25
abrechnen **3A**, 35
abschließen **1**, 28; **1**, 33
r Abschnitt, -e **3A**, 5
r Absender, - **3A**, 5; **3A**, 19
e Absicht, -en **1**, 32
abstimmen **1**, 28
e Abteilung, -en **1**, 32
abtrocknen
    1. jdm./sich etwas a. **2**, 6
    2. etwas a. **1**, 28
abwärts **3A**, 14
abwaschen **3A**, 33
abwesend **2**, 2
ach **3A**, 19
achten **3A**, 5; **3A**, 12
Achtung **1**, 32; **2**, 5; **2**, 12
e Adresse, -n **1**, 30; **3A**, 19
ähnlich **1**, 33; **2**, 5
Aids, **3A**, 34
aktiv **1**, 33
aktuell **2**, 22
r Alarm, -e **3A**, 13
r Alkohol **3A**, 21
all- **1**, 2; **1**, 15; **1**, 26; **1**, 27; **1**, 32
aller- **3A**, 3
allein **1**, 3; **2**, 10; **2**, 25
allerdings **1**, 25; **1**, 33; **2**, 33
allgemein **1**, 32; **3A**, 37
allmählich **1**, 33; **3A**, 28
r Alltag **3A**, 29
s Alphabet **3A**, 35
als **1**, 4; **1**, 22; **1**, 27; **2**, 3; **2**, 7

als ob **2**, 13
also **2**, 4; **3A**, 19
alt **1**, 3; **1**, 4; **1**, 22; **1**, 25; **1**, 27
s Altenheim, -e **3A**, 35
s Alter **1**, 32; **3A**, 3
s Altersheim, -e **3A**, 35
alternativ **3A**, 32
e Ampel, -n **1**, 28; **1**, 32; **2**, 23; **2**, 25
s Amt, ¨er **3A**, 19; **3A**, 22
sich amüsieren **2**, 33
an **1**, 2; **1**, 13; **1**, 30; **1**, 32; **3A**, 12
anbieten **1**, 29
analysieren **3A**, 32
ander- **1**, 8; **1**, 14; **1**, 24; **1**, 27; **1**, 33
ändern **2**, 14; **3A**, 20
sich ändern **3A**, 20
anders **1**, 4; **1**, 27
r Anfang **1**, 16; **2**, 5; **2**, 20
anfangen **1**, 29; **1**, 30; **2**, 9; **3A**, 9; **3A**, 10
anfangs **1**, 33
anfassen **1**, 29
angeblich **1**, 33; **2**, 31
s Angebot, -e **2**, 26; **3A**, 27
angehen **3A**, 17
r Angehörige, -n **3A**, 18
angenehm **1**, 33; **2**, 31
r Angestellte, -n **1**, 14; **2**, 12; **2**, 24
e Angst **2**, 17
ängstlich **1**, 26; **1**, 35; **3A**, 2; **3A**, 23
anhaben **3A**, 17
ankommen **1**, 23; **3A**, 5; **3A**, 6
e Ankunft **1**, 30; **2**, 20
e Anlage, -n **2**, 33
anmachen **1**, 23; **3A**, 10
jdn./sich anmelden **2**, 6
anmelden **1**, 29; **3A**, 19
e Anmeldung **1**, 32
annehmen **1**, 23; **1**, 25
r Anruf, -e **1**, 32; **3A**, 18
r Anrufbeantworter, - **3A**, 35
anrufen **1**, 13; **3A**, 10; **3A**, 19
sich etwas anschaffen **2**, 33
anschauen **2**, 29
anscheinend **1**, 33
sich anschnallen **3A**, 35
ansehen **3A**, 13
sich etwas ansehen **1**, 8; **3A**, 2
an sein **1**, 29
e Ansicht, -en **1**, 25; **3A**, 25

r Anspruch, ¨e **3A**, 11
anstatt → statt
(sich) anstrengen **1**, 27; **1**, 29; **2**, 12
r Antrag, ¨e **3A**, 2; **3A**, 4; **3B**, 2f
e Antwort, -en **1**, 4; **1**, 22; **3A**, 12
antworten **1**, 17
r Anwalt, ¨e/r Rechtsanwalt, ¨e **1**, 14
anwesend **2**, 2
e Anzeige, -n **1**, 27; **3A**, 5; **3A**, 7
anziehen
    1. jdn./sich a. **1**, 23; **1**, 29; **3A**, 6
    2. (jdm./sich) etwas a. **1**, 4; **1**, 29
r Anzug, ¨e **3A**, 5
anzünden **2**, 11
r Apfel, ¨ **1**, 20; **2**, 28
e Apfelsine, -n **2**, 34; **3C**, 1
e Apotheke, -n **1**, 32; **2**, 17
r Apparat, -e **2**, 13
r Appetit **1**, 32; **3A**, 31
e Aprikose, -n **2**, 34; **3C**, 1
e Arbeit, -en **1**, 27; **2**, 12; **2**, 24; **2**, 25
arbeiten **1**, 8; **1**, 22; **1**, 27; **1**, 32; **2**, 4
r Arbeitgeber, - **2**, 20
r Arbeitnehmer, - **2**, 12; **2**, 20; **2**, 28
ärgerlich **2**, 2
ärgern **3A**, 17
sich ärgern **3A**, 6; **3A**, 12; **3A**, 16
arm **1**, 3; **1**, 4
-arm **2**, 12
r Arm, -e **1**, 32
e Art **1**, 20; **1**, 21; **1**, 32; **3A**, 8
r Artikel, - **3A**, 3; **3A**, 16; **3B**, 1h
r Arzt, ¨e **1**, 1; **1**, 6; **1**, 13; **1**, 14; **3A**, 22
s Asyl **3A**, 6
atmen **3A**, 25
e Atmosphäre **2**, 34
auch **1**, 4; **1**, 8; **1**, 25
auf **1**, 2; **1**, 4; **1**, 8; **1**, 15; **3A**, 12
r Aufenthalt **2**, 17
auffordern **1**, 30
e Aufgabe, -n **3A**, 5; **3A**, 6; **3A**, 16; **3B**, 3c
aufgeben **2**, 11; **3A**, 19
aufheben **1**, 30
aufhören **1**, 30
aufklären **3A**, 34
aufmachen **1**, 23; **1**, 30; **3A**, 10

Alphabetische Wortliste 125

aufmerksam **1**, 33; **2**, 31
e Aufmerksamkeit **1**, 32
aufnehmen **3A**, 35
aufpassen **1**, 26; **1**, 30
aufräumen **1**, 26; **1**, 27; **3A**, 5
aufregen **3A**, 33
sich aufregen **1**, 30; **3B**, 4k
aufschreiben **1**, 30; **3A**, 20
auf sein **2**, 33
aufstehen **1**, 30; **3A**, 6
r Auftrag, ¨e **1**, 28; **2**, 12; **3A**, 3
aufwachen **3A**, 5; **3A**, 20
aufwärts **3A**, 14
r Aufzug, ¨e **2**, 8
s Auge, -n **1**, 10; **1**, 14; **1**, 15; **1**, 20; **1**, 32
r Augenblick **1**, 32
augenblicklich **1**, 33
aus **1**, 6; **1**, 17; **1**, 22; **2**, 7; **3A**, 3
e Ausbildung **1**, 33; **2**, 5; **3A**, 5
r Ausdruck, ¨e **1**, 5; **2**, 5
e Ausfahrt, -en **1**, 29; **2**, 20
r Ausflug, ¨e **2**, 33
ausfüllen **1**, 31; **2**, 9; **2**, 17; **3A**, 20
r Ausgang, ¨e **2**, 5; **2**, 20
ausgeben **1**, 26; **3A**, 15
ausgehen **1**, 31; **2**, 33
ausgezeichnet **3A**, 3; **3B**, 3g
e Auskunft, ¨e **3A**, 2; **3A**, 12
s Ausland **2**, 25
r Ausländer, - **3A**, 16; **3A**, 26; **3B**, 1h
ausländisch **3A**, 5
ausmachen **1**, 23; **2**, 11; **3A**, 10
e Ausnahme, -n **1**, 22
auspacken **1**, 31
ausrechnen **1**, 31
ausreichen **1**, 33
(sich) ausruhen **1**, 31
ausschalten **2**, 27; **3A**, 10; **3A**, 17
ausschließen **1**, 31
aussehen **1**, 27; **1**, 31; **2**, 7; **2**, 17; **3A**, 5
aus sein **1**, 31; **2**, 11
außen **3A**, 14; **3A**, 22
außer **1**, 8; **2**, 17
außerdem **2**, 14; **3B**, 4h
außerhalb **3A**, 14
e Aussicht **1**, 32
e Aussicht, -en **3A**, 27
aussprechen **1**, 31
aussteigen **1**, 23; **2**, 29
ausstellen **1**, 31
e Ausstellung, -en **2**, 22; **3A**, 23
(sich) etwas aussuchen **1**, 31
r Ausweis, -e **1**, 32; **2**, 5; **2**, 23

ausziehen
  1. jdn./sich a. **1**, 23; **2**, 6
  2. (jdm./sich) etwas a. **1**, 23
  3. ist ausgezogen **1**, 23
r Auszubildende, -n **2**, 12
s Auto, -s **1**, 1; **1**, 4; **1**, 5; **1**, 27; **2**, 7
e Autobahn, -en **1**, 32; **2**, 23
r Automat, -en **1**, 32
automatisch **1**, 33
r Autor, -en **2**, 19

s Baby, -s **2**, 15
backen **1**, 27; **3A**, 31
e Bäckerei, -en **1**, 27
s Bad **2**, 15; **2**, 27
baden **2**, 15
e Badewanne, -n **2**, 21
e Bahn, -en **1**, 8; **1**, 20; **3A**, 7
r Bahnhof, ¨e **1**, 13; **3A**, 22
r Bahnsteig, -e **3A**, 7
bald **1**, 7; **1**, 14; **3A**, 2; **3A**, 23
r Balkon, -s/-e **1**, 26
r Ball, ¨e **2**, 6
e Bank, ¨e **2**, 15; **3B**, 1a
e Bank, -en **2**, 15; **3B**, 1a
e Bar, -s **3A**, 18
bar **2**, 27; **3A**, 15
s Bargeld **3A**, 15
bargeldlos **2**, 24; **3A**, 15
r Bart, ¨e **3B**, 4a
r Bau **2**, 15; **2**, 28; **3A**, 15
r Bau, Bauten **2**, 15; **3A**, 11
r Bauch, ¨e **2**, 19; **3A**, 11
bauen **1**, 27; **2**, 15; **3A**, 24
r Bauer, -n **1**, 14; **3A**, 15
r Baum, ¨e **1**, 15; **1**, 19; **2**, 19; **2**, 23
beachten **2**, 23; **3A**, 26
r Beamte, -n **2**, 9; **2**, 12
beantragen **2**, 15
sich bedanken **2**, 22
r Bedarf **2**, 15
bedeuten **2**, 3; **2**, 15; **2**, 23; **3A**, 25
bedienen **2**, 15; **3A**, 20
e Bedienung, -en **2**, 31
e Bedingung, -en **1**, 33; **2**, 12
sich beeilen **1**, 27, **2**, 14; **3A**, 13
beeinflussen **2**, 32
befriedigend **3A**, 3
begegnen **3A**, 10
beginnen **1**, 23; **2**, 4; **3A**, 10; **3A**, 21
begründen **3A**, 17
begrüßen **3A**, 17
behalten **3A**, 17; **3A**, 20
behandeln **2**, 17; **3A**, 17; **3B**, 1c
behaupten **2**, 15
behindern **3A**, 13

bei **1**, 2; **1**, 4; **1**, 17; **1**, 28; **2**, 9
beid **1**, 33; **2**, 18; **2**, 19; **3A**, 25
s Bein, -e **2**, 15
s Beispiel, -e **1**, 3; **1**, 22; **2**, 19; **3A**, 3
r Beitrag, ¨e **3A**, 32
bekannt **3A**, 19
r/e Bekannte, -n **2**, 22; **3A**, 16
bekannt geben **2**, 4
bekommen **1**, 5; **1**, 32; **1**, 33; **2**, 28; **3A**, 2
beleidigen **3A**, 17
beliebt **2**, 31
bemerken **3B**, 4m
sich bemühen **2**, 22
benutzen **2**, 7; **3A**, 5
s Benzin **2**, 23
beobachten **1**, 26
bequem **2**, 2
beraten **3A**, 17
bereit **1**, 8
r Berg, -e **1**, 1; **1**, 19; **1**, 21; **3A**, 7
die Berge **2**, 22; **2**, 33
r Bericht, -e **2**, 15; **3A**, 2
berichten **2**, 15
berücksichtigen **3A**, 17
r Beruf, -e **1**, 14; **1**, 27; **1**, 32; **1**, 33
berufstätig **2**, 12
beruhigen **3B**, 4k
sich beruhigen **1**, 33; **3A**, 20
berühmt **2**, 2
beschädigen **3A**, 17
(sich) beschäftigen **3A**, 24
sich beschäftigen **3A**, 20; **3A**, 23
r Bescheid, -e **3A**, 2; **3B**, 3d
beschließen **3A**, 20
beschreiben **3A**, 21
sich beschweren **3A**, 12; **3B**, 1i
besetzt **2**, 18; **3A**, 5
besichtigen **3A**, 4
besitzen **1**, 14; **3A**, 16
besonders **2**, 4; **3A**, 2
besonder- **2**, 13; **3A**, 28
(jdm./sich) etwas besorgen **3A**, 17
besser, der Beste **2**, 9; **2**, 12; **2**, 33
e Besserung **2**, 32
bestätigen **1**, 22
s Besteck, -e **2**, 19
bestehen **1**, 4; **2**, 7; **2**, 10; **3A**, 1; **3B**, 1h
(jdm./sich) etwas bestellen **2**, 6
bestellen **1**, 32; **2**, 30
bestimmen **2**, 10
bestimmt **1**, 25; **3A**, 9; **3A**, 27
bestrafen **3A**, 17; **3A**, 23
r Besuch **3A**, 2
besuchen **3A**, 1; **3A**, 5

126 Alphabetische Wortliste

beten **3A**, 31
betragen **2**, 23; **3A**, 21; **3B**, 1i
betreuen **3A**, 34
r Betreuer, - **3A**, 16
r Betrieb, -e **2**, 5; **2**, 12; **2**, 15; **2**, 22
r Betrieb **2**, 15; **3B**, 4e
r Betriebsrat, ¨e **2**, 12; **3A**, 7
betrügen **3A**, 17
s Bett, -en **1**, 5; **1**, 8; **1**, 13; **2**, 3; **2**, 6
e Bevölkerung **2**, 24; **3A**, 27
bevor **1**, 27; **2**, 9; **2**, 15
sich bewegen **2**, 17; **3A**, 21
e Bewegung, -en **3A**, 21
e Bewegung **3A**, 21; **3B**, 3d
r Beweis, -e **2**, 15
beweisen **2**, 15
sich bewerben **2**, 12; **3A**, 21
e Bewerbung, -en **3A**, 21
r Bewohner, - **2**, 27
bezahlen **1**, 8; **1**, 29; **2**, 22; **3A**, 15
sich Beziehen **2**, 10
e Beziehung, -en **2**, 10; **2**, 22; **3A**, 3
e Bibel **2**, 35
e Bibliothek, -en **2**, 19
s Bier **1**, 10; **2**, 15
r Biergarten, ¨ **2**, 34; **3C**, 1
bieten **3A**, 20; **3A**, 32
s Bild, -er **1**, 2; **1**, 5; **2**, 15; **2**, 28
r Bildschirm, -e **3A**, 36
billig **1**, 3; **1**, 27; **2**, 1; **2**, 2; **2**, 14
e Biologie **3A**, 30
e Birne, -n **1**, 20; **3A**, 18
bis **2**, 4; **2**, 9; **2**, 15; **2**, 24; **3A**, 8
bisher **2**, 14; **3A**, 3; **3A**, 24
ein bisschen **1**, 29; **2**, 3
e Bitte, -n **3A**, 21
bitten **1**, 32; **2**, 9; **3A**, 6; **3A**, 12; **3A**, 16
bitte! **1**, 5; **1**, 28; **2**, 3; **2**, 18; **2**, 27
bitter **3A**, 3; **3A**, 31
blass **1**, 26
s Blatt, ¨er **2**, 19; **3A**, 37
ein (100, etc.) Blatt Papier **3A**, 3
blau **1**, 12; **1**, 21; **2**, 1; **2**, 3
bleiben **1**, 27; **2**, 3; **2**, 9; **2**, 13; **2**, 24
r Bleistift, -e **2**, 21
r Blick **3A**, 18
blind **1**, 3
r Blitz, -e **1**, 19
blond **2**, 31
bloß **3B**, 4b
blühen **3A**, 13
e Blume, -n **1**, 21; **2**, 19; **3A**, 13
e Bluse, -n **1**, 15
s Blut **2**, 19
bluten **2**, 15; **3A**, 1

r Boden, ¨ **1**, 30; **3B**, 1i
e Bombe, -n **2**, 27
s Bonbon, -s **3A**, 31
s Boot, -e **2**, 33
böse **1**, 33; **2**, 2; **2**, 13
braten **2**, 25; **3A**, 21
r Braten, - **2**, 30; **3A**, 21
brauchen **1**, 15; **1**, 24; **1**, 27; **2**, 12; **2**, 17
etwas nur zu tun brauchen **1**, 13
braun **1**, 12; **1**, 26; **2**, 1
sich etwas brechen **1**, 32
breit **1**, 3; **1**, 7; **2**, 2
e Breite **3A**, 18
e Bremse, -n **3A**, 23
bremsen **2**, 23; **2**, 28; **3A**, 1
brennen **2**, 15
r Brief, -e **1**, 15; **1**, 22; **2**, 10
r Briefkasten, ¨ **3A**, 7; **3A**, 19
e Briefmarke, -n **2**, 25; **3A**, 15; **3A**, 19
e Brieftasche, -n **2**, 23; **3A**, 22
r Briefträger, - **1**, 14; **1**, 16; **3A**, 19
r Briefumschlag, ¨e **3A**, 7; **3A**, 19
e Brille, -n **1**, 5; **1**, 15
bringen **1**, 17; **3A**, 2; **3A**, 19
e Broschüre, -n **3C**, 2
s Brot, -e **1**, 14; **1**, 15; **2**, 15; **3A**, 18
s Brötchen, - **3A**, 18
e Brücke, -n **1**, 19
r Bruder, ¨e **1**, 18
e Brust **1**, 10
s Buch, ¨e **1**, 6; **1**, 10; **1**, 16; **3A**, 16
e Bücherei, -en **3A**, 35
Buchen **3A**, 4
r Buchstabe, -n **2**, 19
buchstabieren **1**, 5
r Buddhismus **2**, 35
Bundes- **1**, 16; **1**, 21; **2**, 8
r Bundeskanzler, - **1**, 1
r Bundestag **2**, 34
r Bundesrat **2**, 34
bunt **2**, 18
r Bürger, - **1**, 16
e Bürgerinitiative, -n **2**, 34
r Bürgermeister, - **2**, 8
r Bürgersteig, -e **2**, 34
s Büro, -s **2**, 4; **2**, 14; **2**, 27
e Bürste, -n **1**, 8
r Bus, -se **1**, 1; **1**, 9; **1**, 20; **3A**, 18
e Butter **1**, 10

s Café, -s **1**, 30
Camping **1**, 15
e CD, -s **3A**, 33
e CD-ROM, -s **3A**, 36

r Cent, -s **2**, 14; **3A**, 15; **3A**, 19
e Chance, -n **3A**, 27
r Charakter **2**, 1; **2**, 28
r Chef, -s **1**, 27; **3A**, 6; **3A**, 12
e Chemie **1**, 32
chic **2**, 18; **3A**, 33
s Christentum **2**, 35
r Club, -s **3A**, 11
e Cola **2**, 30
e Couch **1**, 1; **1**, 10; **3A**, 7
r Cousin, -s/e Cousine, -n **1**, 18
r Computer, - **2**, 33
e Creme, - **2**, 32

da **3A**, 8; **3A**, 15; **3B**, 3a
dabei- **2**, 33
da(r)- **1**, 4; **1**, 5; **1**, 15; **1**, 25; **3A**, 12
s Dach, ¨er **1**, 27; **2**, 8
daher **2**, 14; **2**, 23
damals **3A**, 15; **3A**, 27
e Dame, -n **2**, 10; **3A**, 16
damit **2**, 7; **2**, 9; **3A**, 12
r Dank **1**, 16; **2**, 5; **2**, 13; **3A**, 12
dankbar **2**, 24
danken **1**, 8; **3A**, 21
danke! **1**, 13; **2**, 13
dann **1**, 7; **1**, 13; **1**, 33; **3A**, 19; **3A**, 24
e Darstellung, -en **2**, 22
darum **3A**, 15
dasein **3A**, 13
dass **1**, 13; **1**, 24; **1**, 25; **1**, 29, **2**, 3
e Datei, -en **3A**, 36
s Datum, Daten **3A**, 11; **3A**, 23
dauern **1**, 6; **1**, 17
dauernd **1**, 24
e Decke, -n **3B**, 1d
dein, deine **1**, 6; **1**, 8; **1**, 30, **2**, 18; **2**, 23
e Demokratie, -n **2**, 8
demokratisch **2**, 1
e Demonstration, -en **2**, 8
denken **1**, 25; **2**, 9; **3A**, 12
sich etwas denken **2**, 24
denn **1**, 5; **1**, 8, **1**, 27; **2**, 4; **3B**, 4b
der, das, die **1**, 4; **1**, 5; **1**, 6; **1**, 10; **1**, 15
der-, das-, dieselbe **2**, 4
deshalb **1**, 27; **2**, 14; **3A**, 27
desto **2**, 14
deswegen **1**, 4; **1**, 15; **3A**, 37
deutlich **2**, 24
e Devise **3A**, 3
e Diät **3A**, 29
dicht **3A**, 9
r Dichter, - **2**, 19

Alphabetische Wortliste 127

dick **1**, 26; **2**, 1; **2**, 2
r Dieb, -e **3C**, 2
dienen **2**, 17; **3A**, 3; **3A**, 20
dieser, dies(es), diese **1**, 4; **1**, 6; **1**, 8; **1**, 22; **3A**, 6
diesmal **3A**, 6
s Ding, -e **1**, 27; **1**, 28; **2**, 18
direkt **1**, 32; **2**, 18; **2**, 23; **3A**, 19; **3B**, 1
e Diskette, -n **3A**, 36
e Disko/Diskothek **2**, 33; **3A**, 18
e Diskussion, -en **1**, 8
diskutieren **1**, 28
doch **1**, 4; **1**, 8; **1**, 17; **1**, 24; **3B**, 4c
r Doktor **2**, 8; **2**, 27
doppelt **3A**, 15
Doppel- **2**, 27
s Dorf, ¨er **1**, 14; **2**, 10; **2**, 28
dort **1**, 7; **2**, 26; **3A**, 19; **3B**, 3a
e Dose, -n **1**, 10; **2**, 24; **3A**, 27
draußen **1**, 7
drehen **3A**, 17
sich drehen um **3A**, 15
dringend **3A**, 3
drinnen **1**, 7
e Droge, -n **3A**, 29
e Drogerie, Drogerien **3A**, 11
drüben **3A**, 19
r Druck **3A**, 7
drucken **3A**, 17; **3B**, 2e
r Drucker, - **3A**, 36
drücken **3A**, 13
du **1**, 5; **1**, 6; **1**, 13; **1**, 24; **1**, 31
dumm **1**, 3; **1**, 4; **2**, 2
dunkel **1**, 3; **1**, 4; **2**, 2
dünn **1**, 26; **2**, 1; **2**, 2; **2**, 26; **3A**, 8
durch **2**, 3; **2**, 22; **2**, 26
durcheinander **1**, 14; **2**, 7
e Durchsage, -n **3A**, 37
durchschnittlich **2**, 7
dürfen **1**, 4; **1**, 32; **1**, 33; **2**, 23; **2**, 26
r Durst **2**, 28; **3A**, 8
e Dusche, -n **2**, 8; **3A**, 21
(sich) duschen **3A**, 21

eben **1**, 26; **2**, 25; **3B**, 4d
ebenfalls **2**, 12; **3A**, 31
ebenso **3A**, 8
e Ecke, -n **2**, 13; **3A**, 9
egal **3B**, 3c
ehe → bevor
e Ehe, -n **2**, 6; **3A**, 27
ehren **2**, 10
ehrlich **1**, 26; **2**, 1
s Ei, -er **3A**, 11
eigen- **3B**, 1i

eigentlich **1**, 5; **1**, 27; **3B**, 4e
s Eigentum **2**, 18
e Eile **3A**, 8
ein, eine **1**, 2; **1**, 4; **1**, 8; **1**, 27; **1**, 29
ein (Kardinalzahl) **1**, 27
einen (pronominal) **3A**, 13
einander **1**, 8, **2**, 18; **2**, 19
e Einbahnstraße, -n **2**, 8; **2**, 23
r Eindruck, ¨e **3A**, 2; **3A**, 9
einfach **1**, 3; **1**, 25
e Einfahrt, -en **2**, 5; **2**, 20
einfallen **2**, 11
r Einfluss, ¨e **3A**, 11
r Eingang, ¨e **2**, 5; **2**, 20
einig- **3A**, 13; **3A**, 25
einkaufen **1**, 27
s Einkommen, - **2**, 5
einladen **3A**, 5
einmal **1**, 29; **1**, 31; **2**, 25; **3B**, 4h
einpacken **1**, 5
einrichten **2**, 11
einsam **2**, 31
einschalten **3A**, 10
einschlafen **1**, 5
s Einschreiben, - **2**, 25; **3A**, 7; **3A**, 19
einsetzen **3A**, 32
einsteigen **1**, 23; **3A**, 5
einstellen **2**, 12; **3A**, 17; **3B**, 2f
r Eintritt **2**, 18; **2**, 22; **3A**, 5
e Eintrittskarte, -n **3C**, 2
einverstanden **2**, 7
r Einwohner, - **1**, 6; **1**, 22
s Einwohnermeldeamt, ¨er **3A**, 19
einzahlen **3A**, 15
einzeln **3**, 3
Einzel- **2**, 19; **3A**, 22
jeder Einzelne **2**, 7
die Einzelnen **2**, 3
e Einzelheit, -en **2**, 4; **2**, 9
einzig- **2**, 24; **3A**, 9
einziehen **1**, 23
s Eis **2**, 30 **3B**, 1g
s Eisen **1**, 21
e Eisenbahn, -en **3A**, 7
elegant **2**, 2
elektrisch **2**, 27; **3B**, 1b
Elektro- **1**, 27
die Eltern (Pl.) **1**, 6; **3A**, 6; **3A**, 10
e E-Mail, -s **2**, 34; **3C**, 1
r Empfänger, - **3A**, 19
empfehlen **1**, 33
s Ende **2**, 5; **2**, 20, **2**, 25
endgültig **2**, 6; **2**, 7; **3A**, 27
endlich **1**, 27, **1**, 32
e Energie, -n **3A**, 30

eng **2**, 27; **3A**, 13
r Enkel, - **2**, 18
entdecken **2**, 27
entfernt **3A**, 32
e Entfernung, -en **2**, 18; **3A**, 5
entgegen **3A**, 8
entgegen- **2**, 32
enthalten **3A**, 20; **3A**, 25
entlang **2**, 23
entlassen **2**, 12; **3A**, 1; **3A**, 5
entscheiden **1**, 28
entscheidend **3A**, 9; **3A**, 27
sich entscheiden **2**, 6
sich entschließen **2**, 10
entschlossen sein **3A**, 3
entschuldigen
    1. jdn./sich e. **1**, 5
    2. etwas e. **3A**, 8; **3A**, 23
e Entschuldigung **2**, 5; **3A**, 20
entsprechend **3A**, 3
entstehen **2**, 10; **3A**, 32
enttäuschen **3A**, 17
enttäuscht sein **1**, 24
enttäuschend **3A**, 9
entweder … oder **1**, 19; **2**, 14
entwickeln **3A**, 4; **3A**, 32
sich entwickeln **2**, 10
er **1**, 2; **1**, 4; **1**, 5; **1**, 8; **1**, 15
e Erde **1**, 2; **1**, 20
s Erdgeschoss, -e **2**, 8
sich ereignen **3A**, 10
s Ereignis, -se **2**, 6; **2**, 22
erfahren **3A**, 17
e Erfahrung, -en **2**, 25
erfinden **3A**, 4; **3A**, 21
r Erfolg, -e **2**, 20, **3A**, 13
erfüllen **3A**, 20
sich erfüllen **2**, 6
s Ergebnis, -se **3A**, 2; **3A**, 3; **3A**, 10
erhalten **3A**, 10
erhöhen **3A**, 21
sich erhöhen **2**, 6
sich erholen **3A**, 20
erinnern **3A**, 21
sich erinnern **2**, 7; **3A**, 12; **3A**, 21
e Erinnerung, -en **2**, 28
sich erkälten **1**, 29
erkältet sein **1**, 5; **2**, 9
erkennen **2**, 4; **3A**, 2; **3A**, 9
erklären **3A**, 5; **3A**, 16
sich erkundigen **2**, 10
erlauben **1**, 23; **3A**, 21
e Erlaubnis **3A**, 21
erleben **2**, 33
erledigen **2**, 12; **3A**, 8
(sich) ernähren **2**, 24

ernst **1**, 27
e Ernte, -n **3A**, 32
eröffnen **3A**, 4; **3A**, 5; **3A**, 15
erreichen **2**, 7; **2**, 9; **3A**, 20; **3A**, 24
s Ersatzteil, -e **1**, 32
erscheinen **2**, 12; **2**, 24; **3A**, 8
erschrecken **1**, 24
jdn. erschrecken **3A**, 17
erst **1**, 13; **2**, 14; **2**, 24; **2**, 25; **3B**, 3b
r/e Erwachsene, -n **2**, 18
e Erwachsenenbildung **2**, 34
erwarten **1**, 2; **1**, 32
erzählen **3A**, 4; **3A**, 5; **3A**, 8
e Erzählung, -en **3A**, 9
erziehen **2**, 24; **3A**, 21
e Erziehung **3A**, 21
es **1**, 2; **1**, 6; **1**, 13; **1**, 15; **1**, 28
essen **1**, 2; **1**, 8; **1**, 15; **1**, 33; **3A**, 3
s Essen **2**, 8; **2**, 9
r Essig **2**, 30
etwa **3A**, 15; **3B**, 4f
etwas **1**, 4; **1**, 17; **1**, 27, **1**, 31; **1**, 33
euer, eure **1**, 2; **1**, 5
r Euro **1**, 26; **2**, 4; **2**, 18; **2**, 27; **3A**, 15
s Eurostück, -e **3A**, 15
r Zehn-, Zwanzigeuroschein, -e, etc. **3A**, 15
evangelisch **2**, 24
eventuell **3A**, 28
ewig **3A**, 35
e Existenz, -en **3A**, 9
existieren **2**, 32
e Explosion, -en **2**, 18
r Export, -e **2**, 8; **2**, 20

e Fabrik, -en **1**, 19
s Fach, ¨er **2**, 12; **2**, 17; **3A**, 9; **3A**, 30
fahren
   1. ist gefahren **1**, 5; **1**, 6; **1**, 8
   2. hat gefahren **3A**, 6
r Fahrer, - **1**, 14; **2**, 27; **2**, 28
e Fahrkarte, -n **2**, 27
r Fahrplan, ¨e **3A**, 7
s Fahrrad, ¨er **1**, 17; **1**, 27; **3A**, 17
e Fahrt, -en **2**, 13
fair **3A**, 3
r Fall, ¨e **1**, 30; **2**, 19; **2**, 32
fallen **1**, 8
falls **2**, 9
falsch **1**, 3; **1**, 4; **1**, 31; **2**, 2; **2**, 27
e Familie, -n **3A**, 7; **3A**, 9
e Farbe, -n **1**, 21; **2**, 1; **3A**, 13
farbig **2**, 32
fassen **3A**, 27

fast **2**, 26; **2**, 31
faul **1**, 3; **1**, 26; **2**, 2
s Fax, -e **2**, 34
fehlen **1**, 2; **1**, 13; **1**, 15, **3A**, 13
r Fehler, - **1**, 22; **3A**, 10; **3A**, 23
e Feier, -n **2**, 33
feiern **3A**, 17
r Feiertag, -e **2**, 11; **1**, 10
fein **2**, 2
r Feind, -e **2**, 20
s Feld, -er **3A**, 7
s Fenster, - **1**, 13; **1**, 26; **2**, 27, **3A**, 4
die Ferien (Pl.) **2**, 4; **2**, 5; **3A**, 12
fern **1**, 3
s Fernsehen **1**, 8; **3A**, 7
fernsehen **2**, 26
r Fernseher, - **3B**, 2f
fertig **1**, 27; **2**, 27
s Fest, -e **1**, 20
fest **3A**, 3; **3A**, 12
sich festhalten **3A**, 13
e Festplatte, -n **3A**, 36
feststellen **3A**, 23; **3A**, 32
fett **2**, 2
feucht **2**, 31
s Feuer **2**, 11
e Feuerwehr, -en **2**, 21
s Fieber **2**, 8; **2**, 17; **3A**, 13
e Figur, -en **3A**, 11
r Film, -e **1**, 4; **1**, 6; **2**, 4; **3A**, 4
finanziell **3A**, 32
finden **1**, 17; **1**, 22; **1**, 27; **2**, 12; **2**, 13
r Finger, - **3B**, 1f
e Firma, Firmen **1**, 8; **1**, 22; **2**, 5; **2**, 12
r Fisch, -e **1**, 10; **1**, 20
fit **2**, 31; **3A**, 31
flach **3A**, 3
e Fläche **3A**, 18
e Flasche, -n **1**, 8; **1**, 10
r Fleck, -en **3A**, 11
s Fleisch **1**, 14; **2**, 24; **2**, 25; **2**, 28
fliegen **2**, 3
fließen **3B**, 1b
fließend **1**, 8
e Flucht **3A**, 33
r Flug, ¨e **3A**, 11
r Flughafen, ¨ **3A**, 7
s Flugzeug, -e **1**, 15; **2**, 19; **3A**, 2
r Fluss, ¨e **1**, 1; **1**, 19; **1**, 21; **2**, 19
folgen **1**, 7; **2**, 19; **3A**, 2
fordern **2**, 12; **3A**, 25
e Form, -en **1**, 18; **1**, 22; **3A**, 18
s Formular, -e **1**, 31; **1**, 32; **2**, 5
e Forschung, -en **2**, 18

fort **3A**, 13
r Fortschritt, -e **3A**, 9; **3A**, 24
s Foto, -s **2**, 24; **3A**, 16
fotografieren **3A**, 17
e Frage, -n **1**, 13; **1**, 22; **2**, 7; **3A**, 2
fragen **1**, 8; **3A**, 6; **3A**, 12; **3A**, 20
sich etwas fragen **2**, 17; **3A**, 3
e Frau, -en **1**, 2; **1**, 18; **1**, 26; **2**, 24; **2**, 25
frech **3A**, 33
frei **1**, 27; **2**, 18; **3A**, 1; **3A**, 3
e Freiheit **2**, 8
e Freizeit **2**, 33; **3A**, 30
fremd **2**, 2
e Fremdsprache, -n **1**, 8; **3A**, 4; **3B**, 1
fressen **3A**, 13
e Freude **3A**, 2
freuen **3A**, 6
sich freuen **1**, 24; **3A**, 12
r Freund, -e **1**, 17, **1**, 27; **2**, 20; **3A**, 17
freundlich **1**, 26; **2**, 1; **2**, 22
e Freundschaft, -en **3A**, 13
r Frieden **2**, 8; **2**, 20
frieren **1**, 23; **3A**, 1; **3B**, 1d
frisch **1**, 3
r Friseur, -e/e Friseuse, -n **1**, 14; **3A**, 13
froh **1**, 3
fröhlich **2**, 31
früh **1**, 3
früher **1**, 4; **1**, 7; **3A**, 9
s Frühstück **1**, 15
frühstücken **2**, 25
fühlen **3A**, 23
sich fühlen **1**, 13, **1**, 27
führen **2**, 3; **2**, 23; **3A**, 2
r Führerschein, -e **2**, 23
e Führung, -en **2**, 22
e Führung **3A**, 23
s Fundbüro, -s **2**, 21
funktionieren **3B**, 2c; **3B**, 2g
für **1**, 4; **2**, 26; **3A**, 2; **3A**, 12; **3B**, 2h
furchtbar **2**, 23; **2**, 24
fürchten **2**, 3
sich fürchten **1**, 24
r Fuß, ¨e **1**, 10, **1**, 27; **2**, 14; **2**, 26
r Fußball, ¨e **2**, 6
Fußball **1**, 20; **1**, 21; **2**, 19
r Fußgänger, - **1**, 4
e Fußgängerzone, -n **3A**, 29

e Gabel, -n **3A**, 18
r Gang, ¨e **1**, 32; **2**, 23

ganz **1**, 26; **1**, 27; **1**, 29; **1**, 31; **3B**, 3c
gar **1**, 29; **2**, 4; **2**, 25
e Garage, -n **1**, 27, **3A**, 4
e Garantie **1**, 8
e Garderobe, -n **2**, 18
e Garderobe **3A**, 20
r Garten, ⸚ **1**, 17; **1**, 19; **2**, 19
s Gast **1**, 20; **2**, 23
r Gast, ⸚e **1**, 27; **3A**, 23
e Gastfreundschaft **3A**, 35
e Gaststätte, -n **2**, 34
s Gebäck **2**, 34
s Gebäude, - **2**, 18, **2**, 27
geben **2**, 3; **2**, 26; **3A**, 6; **3A**, 8; **2**, 6
s Gebiet, -e **1**, 22; **2**, 12; **2**, 27
s Gebirge, - **1**, 21
geboren werden **1**, 6; **2**, 4; **3A**, 21
etwas gebrauchen können **3A**, 9
gebraucht **2**, 23
e Gebrauchsanweisung, -en **2**, 18
e Gebühr, -en **3A**, 7; **3A**, 33
e Geburt, -en **3A**, 21
Geburtsort, -e **3A**, 35
r Geburtstag, -e **1**, 5; **1**, 15; **2**, 6
r Gedanke, -n **1**, 25; **2**, 5; **3B**, 1i
geeignet sein **3A**, 33
e Gefahr, -en **3A**, 27
gefährlich **2**, 23; **3A**, 16
gefallen **1**, 31
sich etwas gefallen lassen **1**, 13
s Gefühl **1**, 24
gegen **1**, 32; **2**, 6; **2**, 14; **2**, 22; **3B**, 4c
e Gegend, -en **3A**, 12; **3B**, 4h
r Gegensatz, ⸚e **2**, 2
r Gegenstand, ⸚e **3A**, 25
s Gegenteil, -e **1**, 2; **1**, 3; **1**, 4; **3B**, 1c
gegenüber **3A**, 3; **3A**, 19; **3A**, 26
e Gegenwart **2**, 19; **3A**, 32
s Gehalt, ⸚er **2**, 12; **3A**, 4; **3A**, 22
geheim **3A**, 3
gehen **1**, 2; **1**, 6; **1**, 8; **1**, 13; **3B**, 2c
gehören **1**, 6; **1**, 15; **2**, 10, **3A**, 3
gelb **1**, 12; **2**, 1
s Geld **1**, 13; **1**, 26; **1**, 27; **2**, 1; **2**, 3
e Geldbörse, -n **3C**, 1
e Gelegenheit, -en **3A**, 3
gelingen **3A**, 24
gelten **3A**, 23
gemeinsam **2**, 24; **3A**, 3
e Gemeinschaft, -en **2**, 27
s Gemüse **1**, 21
gemütlich **2**, 24; **2**, 33
genau **1**, 25; **2**, 10; **3A**, 3

genauso **1**, 31, **2**, 17
genehmigen **3A**, 35
e Genehmigung, -en **3A**, 34
genug **3A**, 15
s Gepäck **1**, 15; **2**, 11
gerade **2**, 25; **3A**, 3; **3B**, 3d
geradeaus **1**, 13
s Gerät, -e **2**, 33
s Gericht, -e **3A**, 8
gering **3A**, 24
gern **1**, 26, **1**, 33; **2**, 13; **2**, 27; **3B**, 1g
gesamt- **2**, 4; **2**, 7; **3B**, 1i
Gesamt- **3A**, 24
s Geschäft, -e **2**, 7
geschehen **2**, 13
s Geschenk, -e **1**, 15; **1**, 24; **3A**, 2
e Geschichte **1**, 8; **3A**, 23
e Geschichte, -n **1**, 24; **3A**, 4
s Geschirr **2**, 18; **3A**, 3
r Geschmack **2**, 31; **3A**, 31
e Geschwindigkeit, -en **2**, 23
e Geschwindigkeitsbeschränkung, -en **2**, 23
die Geschwister (Pl.) **3A**, 7
e Gesellschaft **3A**, 23
e Gesellschaft, -en **2**, 12
s Gesetz, -e **1**, 15; **2**, 28; **3A**, 8
s Gesicht, -er **1**, 2; **1**, 4; **1**, 15; **1**, 20; **1**, 26
s Gespräch, -e **2**, 5; **2**, 24; **3A**, 2; **3A**, 3
gestern **1**, 4; **1**, 6; **1**, 22, **2**, 24; **3A**, 10
gestrig- **3A**, 3
gesund **1**, 15; **1**, 27; **2**, 2; **2**, 14; **2**, 17
e Gesundheit **2**, 6; **2**, 20; **3A**, 29
s Getränk, -e **1**, 15; **1**, 21; **1**, 32
s Getreide **1**, 15
e Gewalt **3A**, 29
e Gewerkschaft, -en **2**, 12; **2**, 28; **3A**, 7
s Gewicht, -e **1**, 20
r Gewinn, -e **2**, 8; **2**, 20
gewinnen **1**, 23; **3A**, 4
s Gewitter, - **2**, 8
gewöhnen **2**, 28
sich gewöhnen **3A**, 12
e Gewohnheit, -en **2**, 12
gewöhnlich **1**, 15; **2**, 24
s Gewürz, -e **1**, 10
s Gift, -e **2**, 19
e Gitarre, -n **3A**, 29
s Glas **2**, 19
s Glas, ⸚er **1**, 10
ein (zwei, etc.) Glas Bier **3B**, 4i

glatt **3A**, 13
glauben **1**, 25; **1**, 28; **2**, 4; **2**, 13; **3A**, 8
gleich **1**, 6; **2**, 5; **2**, 13; **3A**, 8; **3A**, 24
gleichfalls **3A**, 31
gleichberechtigt **2**, 7
gleichmäßig **2**, 24
gleichzeitig **2**, 24
s Gleis, -e **3A**, 7
s Glück **2**, 19; **3B**, 4d
glücklich **1**, 13
r Glückwunsch, ⸚e **2**, 21
r Gott, ⸚er **1**, 5; **3A**, 13
s Gras **2**, 19
gratis **3A**, 35
gratulieren **3A**, 6
grau **1**, 12
e Grenze, -n **1**, 15; **1**, 17; **3A**, 16
r Griff, -e **3A**, 35
e Grippe **1**, 21
groß **1**, 14; **1**, 15; **1**, 24; **1**, 26; **2**, 18
Groß- **1**, 18; **1**, 22; **2**, 18, **3A**, 22
großzügig **1**, 26; **2**, 1; **2**, 7
grün **1**, 12
r Grund, ⸚e **3A**, 9; **3B**, 1i
Grund- **3B**, 1i
gründen **2**, 33
e Grundlage, -n **3A**, 9
grundsätzlich **2**, 7; **2**, 14
e Grundschule, -n **3C**, 1
e Gruppe, -n **2**, 12; **3A**, 3
r Gruß, ⸚e **1**, 21; **2**, 5
grüßen **2**, 13
gucken **3A**, 33; **3C**, 1
gültig **2**, 24
günstig **3A**, 24; **3A**, 27
gut **1**, 3; **1**, 13; **1**, 26; **1**, 27; **3A**, 2
s Gymnasium, Gymnasien **3B**, 2c

s Haar, -e **1**, 14; **2**, 6; **2**, 31
haben **1**, 4; **1**, 22; **1**, 25; **1**, 26; **1**, 27; **2**, 27
r Hafen, ⸚ **1**, 19
s Hähnchen, - **2**, 3; **2**, 30
r Haken, - **3A**, 11
halb **1**, 13; **2**, 3
halb- **2**, 10; **2**, 30
e Hälfte, -n **3A**, 18
e Halle, -n **3A**, 24
hallo **2**, 32
r Hals, ⸚e **3B**, 3a; **3B**, 2h
halt **3C**, 1
haltbar **2**, 24
halten **2**, 24; **3A**, 12; **3A**, 24; **3A**, 28
halt! **3B**, 3a
sich halten **3A**, 13

e Haltestelle, -n **2**, 8
r Hammer, ⸚ **1**, 21; **3B**, 1f
e Hand, ⸚e **1**, 2; **1**, 5; **1**, 20; **1**, 22; **2**, 6
r Handel **2**, 8; **2**, 18
handeln **3A**, 23
sich handeln **1**, 19; **2**, 19
e Handtasche, -n **3A**, 19; **3A**, 22
s Handtuch, ⸚er **1**, 28
r Handwerker, - **2**, 33
s Handy, -s **2**, 34
hängen
    1. hat gehangen **1**, 2; **2**, 28
    2. hat gehängt **2**, 18
hart **1**, 3; **2**, 2; **3A**, 24
hassen **1**, 24
hässlich **2**, 2
häufig **2**, 24; **3A**, 2
Haupt- **1**, 5; **1**, 8; **2**, 26; **3A**, 22
s Haus, ⸚er **1**, 6; **1**, 15; **1**, 19; **1**, 27; **3A**, 6
e Hausfrau, -en **1**, 26; **2**, 28, **3A**, 22
r Haushalt, -e **1**, 27
r Hausmeister, - **2**, 22
e Haut **3A**, 23
heben **1**, 5
s Heft, -e **3A**, 16
heilig **2**, 35
s Heim, -e **3A**, 11
e Heimat **1**, 25; **3A**, 3
s Heimweh **2**, 24
heiraten **1**, 4; **3A**, 12
heiß **1**, 29; **2**, 1
heißen **1**, 5; **1**, 6; **1**, 9; **3A**, 13
heizen **1**, 20
helfen **1**, 13; **2**, 9; **2**, 28
hell **1**, 3; **1**, 4; **2**, 2
s Hemd, -en **1**, 15; **1**, 20; **3A**, 9
her **3B**, 4l
her- **3B**, 4e
-her **2**, 3
r Herr, -en **2**, 10; **2**, 13; **2**, 24; **2**, 27
herrlich **1**, 32; **3A**, 37
herrschen **3A**, 17
herstellen **3A**, 10; **3A**, 24
s Herz, -en **1**, 15
herzlich **1**, 22; **2**, 7
heute **1**, 4; **1**, 6; **1**, 7; **1**, 8; **1**, 27
heutig- **3A**, 8
hier **1**, 7; **1**, 32, **2**, 13; **2**, 23; **2**, 24
e Hilfe **1**, 8; **2**, 13; **2**, 28
r Himmel **2**, 3
hin **3B**, 36
hin- **2**, 6; **2**, 23; **3A**, 14
-hin **3B**; 1a
hindern **3A**, 25

r Hinduismus **2**, 35
sich hinsetzen **2**, 6
hinten **3A**, 14
hinter- **3A**, 22
hinter **3A**, 13; **3A**, 14
hinterher **2**, 7
r Hinweis, -e **2**, 22; **2**, 24
r Hit, -s **3A**, 11
e Hitze **2**, 6; **3A**, 9
s Hobby, -s **1**, 22; **3A**, 15
hoch **1**, 7; **2**, 12; **2**, 23; **2**, 27
e Hochschule, -n **3A**, 3
höchstens **3A**, 3
e Hochzeit, -en **3A**, 22
r Hocker, - **3B**, 2h
r Hof, ⸚e **1**, 27; **3A**, 15
hoffen **2**, 7; **2**, 13
hoffentlich **1**, 4; **1**, 31; **2**, 3; **2**, 17
e Hoffnung, -en **2**, 6; **2**, 24
höflich **2**, 2
e Höhe **1**, 24; **3A**, 18
holen **2**, 17; **3A**, 19
s Holz **1**, 27; **2**, 19
r Honig **2**, 34
hören **1**, 5; **2**, 13; **2**, 26; **3A**, 1
s Hörnchen, - **2**, 34; **3C**, 1
e Hose, -n **1**, 1; **1**, 2; **1**, 15; **1**, 20; **1**, 21
s Hotel, -s **3A**, 13; **3A**, 25
hübsch **2**, 14
r Humor **3A**, 29
s Huhn, ⸚er **3A**, 31
r Hund, -e **1**, 2; **1**, 5; **1**, 10
r Hunger **3A**, 8
hungrig **3A**, 8
hupen **3A**, 13
husten **3A**, 1
r Husten **3A**, 29

ich **1**, 4; **1**, 5; **1**, 6; **1**, 8; **1**, 13
e Idee, -n **2**, 5; **3A**, 2
ihr **1**, 5; **2**, 18; **3A**, 12
ihr, ihre **1**, 24; **1**, 33; **2**, 25
Ihr, Ihre **1**, 22; **1**, 32; **3A**, 2
e Illustrierte, -n **1**, 10
immer **1**, 4; **1**, 7; **1**, 8; **1**, 11; **1**, 13
r Import, -e **1**, 33; **2**, 8; **2**, 20
in **1**, 5; **1**, 6; **1**, 24; **1**, 27; **2**, 4
e Industrie, Industrien **2**, 23; **3A**, 9; **3A**, 30
e Inflation **3A**, 15
e Information, -en **3A**, 21
informieren **3A**, 9; **3A**, 71
sich informieren **2**, 6
r Ingenieur, -e **2**, 12
r Inhalt, -e **3A**, 3; **3A**, 18

innen **3A**, 32
e Innenstadt, ⸚e **3C**, 1.5
inner- **3A**, 32
innerhalb **2**, 6; **3A**, 13; **3A**, 14
e Insel, -n **1**, 21
insgesamt **3A**, 3
s Institut, -e **2**, 18
s Instrument, -e **1**, 8
intelligent **1**, 26; **3A**, 3
interessant **1**, 3; **2**, 25; **3A**, 8; **3A**, 26
s Interesse **3A**, 8
die Interessen (Pl.) **2**, 24
interessieren **1**, 8
sich interessieren für **3A**, 12
interessiert sein an **2**, 22
international **3A**, 3; **3A**, 24
s Internet **2**, 34
s Interview, -s **3A**, 11
inzwischen **2**, 6; **3A**, 3; **3A**, 23
irgend- **2**, 33; **3A**, 19
sich irren **3A**, 9
r Islam **2**, 35

ja **1**, 13; **1**, 31; **3B**, 4g
e Jacke, -n **1**, 1; **1**, 10; **1**, 20; **2**, 13; **3A**, 3
s Jahr, -e **1**, 6; **1**, 22; **1**, 27; **2**, 4
e Jahreszeit, -en **1**, 10; **1**, 20
-jährig **1**, 33
jährlich **3A**, 8
r Jazz **1**, 22
je **2**, 14
die Jeans (Pl.) **1**, 10
jedenfalls **2**, 7
jeder, jedes, jede **1**, 2; **1**, 15; **1**, 17
jedes Mal **1**, 17; **1**, 26
jedoch **2**, 14
jemand **3A**, 12; **3A**, 14; **3A**, 19
jener, jenes, jene **3A**, 8
jetzt **1**, 4; **1**, 5; **1**, 7; **1**, 8; **1**, 27
jeweils **2**, 5; **3A**, 22
r Job, -s **3A**, 11; **3A**, 32
s Jogging **1**, 31
r Journalist, -en **1**, 14; **2**, 6; **2**, 19
s Judentum **2**, 35
e Jugend **3A**, 9
r Jugendliche, -n **3A**, 9; **3A**, 21
jung **1**, 3; **1**, 4
r Junge, -n **1**, 18; **1**, 22

e Kabine, -n **3A**, 9
r Kaffee **1**, 5; **1**, 10; **2**, 6; **2**, 19
r Kalender, - **2**, 18
kalt **1**, 3; **1**, 8; **1**, 13; **3A**, 12
e Kälte **2**, 6; **2**, 20; **2**, 27
e Kamera, -s **1**, 33

Alphabetische Wortliste   131

kämpfen **1**, 32
e Kantine, -n **2**, 34
s Kapital **2**, 7
kaputt **2**, 2; **2**, 33
kaputt- **2**, 33
e Karte, -n **1**, 5; **1**, 15; **1**, 19
e Kartoffel, -n **1**, 33
r Käse **1**, 10; **2**, 30
e Kasse, -n **3A**, 13
e Kassette, -n **3A**, 33
r Kasettenrecorder, - **2**, 18
r Kasten, ¨ **3A**, 9
e Katastrophe, -n **3A**, 27
katholisch **2**, 24
e Katze, -n **1**, 2; **1**, 10; **1**, 21; **1**, 24
(jdm./sich) etwas kaufen **1**, 5; **1**, 13; **1**, 14; **1**, 27; **2**, 9
s Kaufhaus, ¨er **1**, 10
kaum **1**, 5
kein, keine **1**, 4; **1**, 13; **2**, 3; **2**, 18; **2**, 27
keiner **3B**, 2h
r Keller, - **2**, 11
r Kellner, - **1**, 14; **2**, 18
kennen **1**, 5; **3A**, 2
kennen lernen **1**, 5
die Kenntnisse (Pl.) **1**, 33; **2**, 12; **3B**, 1i
Kern- **3A**, 32
e Kette, -n **3A**, 35
s Kind, -er **1**, 2; **1**, 10; **1**, 22; **2**, 18; **2**, 24
r Kindergarten, ¨ **2**, 18
s Kino, -s **1**, 6
r Kiosk, -e **3A**, 9
e Kirche, -n **1**, 16; **3A**, 4
s Kissen, - **3C**, 1
klagen **1**, 24
klappen **2**, 14; **3B**, 2c
klar **1**, 2; **3A**, 9; **3B**, 1i
klasse **3A**, 33
e Klasse, -n **2**, 7; **2**, 8; **3A**, 3; **3A**, 4; **3A**, 16
e Klassenarbeit, -en **3C**, 1
klassisch **2**, 33
s Klavier, -e **1**, 27
kleben **3A**, 13
s Kleid, -er **1**, 4; **3A**, 13
die Kleider (Pl.) **1**, 8; **2**, 18
e Kleidung **1**, 1; **1**, 2; **1**, 20; **1**, 21
klein **1**, 2; **1**, 24, **1**, 26; **2**, 1; **2**, 2
klettern **3A**, 13
klicken **3A**, 36
s Klima **2**, 32; **3A**, 32
e Klimaanlage, -n **3A**, 34
klingeln **2**, 9; **3A**, 21

e Klingel, -n **3C**, 1
s Klo, -s **2**, 34
s Klopapier **2**, 34
klopfen **3A**, 17
r Kloß, ¨e **2**, 34; **3C**, 1
klug **1**, 3; **1**, 4
knapp **3A**, 32
e Kneipe, -n **3C**, 1
s Knie, - **1**, 10
r Knopf, ¨e **3A**, 3; **3A**, 13
r Koffer, - **1**, 30; **2**, 23
r Kofferraum **2**, 23
e Kohle **3A**, 9
e Kohle, -n **1**, 20
r Kollege, -n **1**, 25; **2**, 17; **3A**, 15
komisch **1**, 26; **3A**, 28
kommen **1**, 6; **1**, 8; **1**, 14; **1**, 25; **3A**, 2
kommend **2**, 4
kommerziell **3A**, 32
e Kommission, -en **3A**, 34
e Kommunikation **3A**, 30
kompliziert **1**, 5; **2**, 23
s Kondom, -e **3A**, 33
e Konferenz, -en **3A**, 2; **3A**, 12
r König, -e **2**, 32
können **1**, 5; **1**, 8; **1**, 13; **1**, 15; **1**, 27
e Konsequenz, -en **3A**, 11
konservativ **1**, 32
r Kontakt, -e **3A**, 3
r Kontinent, -e **1**, 20; **1**, 21
s Konto, Konten **3A**, 15; **3A**, 18
e Kontrolle, -n **2**, 7; **2**, 23; **3A**, 25
sich konzentrieren **2**, 31
s Konzert, -e **2**, 3
r Kopf, ¨e **3A**, 11
e Kopie, -n **2**, 18
kopieren **3A**, 36
r Kopierer, - **3A**, 35
r Koran **2**, 35
r Körper, - **1**, 15; **2**, 1; **3A**, 1
korrigieren **3A**, 10
kosten **1**, 31; **3A**, 15; **3A**, 23
die Kosten (Pl.) **2**, 17
s Kostüm -e **2**, 19
e Kraft, ¨e **3A**, 23; **3A**, 24
s Kraftwerk, -e **3A**, 32
kräftig **2**, 2
krank **1**, 3; **2**, 2; **2**, 17
r Kranke, -n **2**, 17; **3A**, 17
s Krankenhaus, ¨er **2**, 17; **2**, 28
e Krankenkasse, -n **2**, 17
r Krankenpfleger, - **2**, 34
e Krankenschwester, -n **1**, 14; **2**, 17
r Krankenwagen, - **2**, 17

e Krankheit, -en **1**, 21; **2**, 17; **2**, 20
r Kredit, -e **3A**, 15
e Kreditkarte, -n **2**, 34
r Kreis, -e **2**, 10; **3A**, 18
e Kreuzung, -en **1**, 32; **2**, 23; **3A**, 10
r Krieg, -e **2**, 20; **3A**, 27
kriegen **3A**, 20
r Krimi, -s **1**, 8
Kriminal- **2**, 9
e Krise, -n **2**, 23; **2**, 6; **3B**, 1j
e Kritik **1**, 24
kritisch **1**, 26; **3A**, 9; **3A**, 16
e Küche, -n **1**, 27; **3A**, 23
r Kuchen, - **1**, 6; **1**, 27; **3A**, 13; **3A**, 18
r Kugelschreiber, - **2**, 21
kühl **2**, 1
r Kühlschrank, ¨e **2**, 25; **3A**, 6
e Kultur, -en **3A**, 13
sich kümmern **2**, 7; **2**, 12; **3A**, 12
r Kunde, -n **2**, 22; **3A**, 9
kündigen **2**, 12
e Kunst, ¨e **2**, 18
r Künstler, - **1**, 24
künstlich **1**, 24
r Kunststoff, -e **3A**, 13
r Kurs, -e **1**, 28; **2**, 33
s Kursbuch, ¨er **2**, 18
r Kursleiter, - **2**, 34
e Kurve, -n **2**, 23; **3A**, 13; **3A**, 16
kurz **2**, 2; **3A**, 13; **3A**, 19; **3A**, 23; **3B**, 1j
kürzlich **3A**, 33
r Kuss, ¨e **1**, 2
(sich) küssen **3A**, 17
e Küste, -n **2**, 23; **2**, 25

lächeln **1**, 24; **1**, 24
lachen **1**, 23; **3A**, 12
r Laden, ¨ **2**, 27; **3A**, 11
e Lage **3A**, 2; **3B**, 2b; **3B**, 2g
e Lampe, -n **3A**, 18; **3B**, 1d
s Land **2**, 3; **3B**, 1i
s Land, ¨er **1**, 2; **1**, 15; **1**, 22; **1**, 33
landen **1**, 15; **3A**, 8
e Landschaft, -en **3A**, 7; **3A**, 16
e Landwirtschaft **3A**, 16
lang **1**, 3; **3A**, 2; **3A**, 24; **3B**, 4a
lange **1**, 3; **2**, 13; **2**, 17; **3A**, 12; **3A**, 13
e Länge **1**, 20; **3A**, 18
langsam **1**, 3; **2**, 2; **3A**, 21
langweilig **1**, 3; **1**, 4
r Lärm, 27; **3B**, 2a
lassen **1**, 4; **1**, 5; **2**, 25; **3A**, 9; **3B**, 4f
Lastkraftwagen, -/r LKW, -s **3A**, 26

laufen **2**, 17; **3B**, 2d
s Laufwerk, -e **3A**, 36
e Laune **1**, 13
laut **1**, 5; **2**, 2; **3B**, 1e
r Lautsprecher, - **1**, 8
leben **1**, 5; **1**, 23; **1**, 27; **3A**, 23
s Leben **1**, 5; **2**, 20; **2**, 27; **3A**, 26
lebendig **2**, 2
e Lebensgefahr **2**, 17
die Lebensmittel (Pl.) **3A**, 27
s Leder, - **2**, 18; **2**, 19
ledig **1**, 3
leer **1**, 3; **2**, 2; **3A**, 24
legen **2**, 23; **3A**, 6; **3B**, 2h
e Lehre **2**, 5
r Lehrer, - **1**, 8; **1**, 14; **2**, 5; **2**, 8; **3A**, 9
r Lehrling, -e **3C**, 1
leicht **1**, 4; **2**, 2
Leid tun **1**, 13; **3A**, 2
leiden **2**, 17; **2**, 24
leider **1**, 4; **1**, 27; **2**, 24
leihen
   1. jdm. etwas l. **2**, 18; **3B**, 4l
   2. (sich) etwas l. **2**, 32
leise **2**, 2; **2**, 32
leisten **3A**, 13; **3A**, 17
sich etwas leisten können **3A**, 15
e Leistung, -en **2**, 12
leiten **1**, 8
e Leitung **2**, 22; **3B**, 1b
e Leitung, -en **3B**, 1b
lernen **1**, 5; **1**, 8; **1**, 13; **2**, 3; **2**, 23; **3A**, 1
lesen **1**, 8; **1**, 22; **1**, 27, **2**, 9; **2**, 25
letzt- **1**, 22; **1**, 27, **2**, 27; **2**, 28; **3A**, 13
die Leute (Pl.) **1**, 4; **1**, 8; **1**, 26; **2**, 26
liberal **2**, 1
s Licht **1**, 29; **2**, 11; **3A**, 4; **3A**, 10
lieb **2**, 2
e Liebe **2**, 20; **3A**, 21
(sich) lieben **1**, 24; **3A**, 21
r Liebling, -e **3A**, 31
lieber **1**, 5
s Lied, -er **1**, 2
liefern **1**, 32; **3A**, 3
liegen **1**, 6; **1**, 8; **1**, 13; **1**, 17; **3B**, 2g
r Lift, -s/-e **3C**, 1
e Limonade **2**, 34
e Linie, -n **3A**, 16, **3A**, 23
links **1**, 7; **2**, 23
link- **3A**, 22
e Liste, -n **1**, 22; **3A**, 25
loben **3A**, 17
s Loch, ⸚er **3A**, 11

r Löffel, - **3A**, 18
r Lohn, ⸚e **2**, 12; **3B**, 1i
sich lohnen **3A**, 21
s Lokal, -e **3A**, 18
los **1**, 26; **3A**, 13
los- **2**, 3
-los **3A**, 2; **3A**, 15; **3B**, 4j
lösen **2**, 7; **3A**, 21
e Lösung, -en **3A**, 21; **3A**, 27
e Luft **1**, 19; **2**, 19
e Luftpost **3A**, 7; **3A**, 22
e Lüge, -n **2**, 20
lügen **1**, 8
e Lust **2**, 3
lustig **1**, 3; **1**, 24; **2**, 2

machen **1**, 4; **1**, 26; **1**, 27; **2**, 3; **3B**, 2a
e Macht **2**, 3
e Macht, ⸚e **3A**, 11
s Mädchen, - **1**, 4; **1**, 18; **1**, 22
r Magen, ⸚ **1**, 24; **3A**, 18
mager **3A**, 31
e Mahlzeit, -en **3A**, 18
r Makler, - **2**, 9
mal **1**, 6; **1**, 33; **2**, 4; **2**, 24; **3B**, 4i
s Mal, -e **2**, 4; **3A**, 6; **3A**, 13
malen **1**, 5
man **1**, 2; **1**, 15; **1**, 22; **1**, 31; **2**, 23
manch- **1**, 15
manchmal **1**, 11; **1**, 15; **1**, 25
r Mann, ⸚er **1**, 4; **1**, 18, **1**, 22; **1**, 27; **2**, 24
männlich **1**, 18
e Mannschaft, -en **3A**, 9
r Mantel, ⸚ **1**, 1; **1**, 13; **2**, 13; **2**, 18; **2**, 26
s Märchen, - **3A**, 4
e Margarine **2**, 8
e Marke, -n **1**, 8
markieren **3A**, 33
r Markt, ⸚e **3A**, 32; **3B**, 1j
e Marmelade **1**, 15; **3A**, 3
e Maschine, -n **2**, 3; **2**, 18; **3A**, 24
s Maß, -e **1**, 20; **3A**, 30; **3A**, 32
s Material **1**, 20; **3A**, 17
e Mathematik **2**, 29; **3A**, 16
e Mauer, -n **1**, 19, **3A**, 13
e Maus **3A**, 36
r Mechaniker, - **1**, 14
s Medikament, -e **1**, 1; **2**, 17; **2**, 22
e Medizin **1**, 1; **2**, 8; **2**, 17
s Meer, -e **1**, 19; **1**, 21; **2**, 19
s Mehl **1**, 10; **1**, 15
mehr **1**, 4; **1**, 8; **1**, 22; **2**, 9; **2**, 23

mehrer- **1**, 15; **1**, 22; **2**, 12; **2**, 26; **3A**, 8
e Mehrheit, -en **2**, 22
meinen **1**, 25; **1**, 27; **3A**, 24
mein, meine **1**, 2; **1**, 14; **1**, 17; **1**, 22; **1**, 27
meinetwegen **2**, 3
e Meinung, -en **1**, 25; **2**, 13; **3A**, 8
der meiste, am meisten **1**, 30; **2**, 12; **3A**, 2; **3A**, 20
meistens **1**, 11; **1**, 27
r Meister, - **2**, 12
melden **3A**, 13
sich melden **2**, 17; **3B**, 3b
e Menge, -n **3A**, 18
r Mensch, -en **1**, 2; **1**, 4; **1**, 10; **1**, 13; **2**, 26
menschlich **2**, 1; **3A**, 24
merken **1**, 17
sich etwas merken **1**, 1; **3A**, 17
merkwürdig **3A**, 27
messen **3A**, 13
s Messer, - **2**, 28; **3A**, 18
s Metall, -e **1**, 21; **2**, 12; **3A**, 13
e Methode, -n **2**, 14; **3A**, 13
e Metzgerei, -en **3A**, 16
e Miete, -n **2**, 24; **3A**, 21; **3A**, 23
mieten **3A**, 21
e Milch **1**, 10; **1**, 15; **1**, 21
e Minderheit, -en **3A**, 29
mindestens **1**, 4; **1**, 26; **2**, 14
s Mineralwasser **2**, 31
r Minister, - **1**, 16; **2**, 22; **3A**, 13; **3A**, 17
mischen **2**, 30
r Misserfolg, -e **2**, 20
a Misstrauen **2**, 20
s Missverständnis, -se **3A**, 21
missverstehen **1**, 25; **2**, 10; **3A**, 21
mit **1**, 8; **1**, 17; **2**, 24; **2**, 27; **3A**, 23
mit- **2**, 9; **2**, 27; **3A**, 19
e Mitbestimmung **2**, 12; **3A**, 7
s Mitglied, -er **1**, 15; **3A**, 11
e Mitte **2**, 4; **2**, 5
mitteilen **3A**, 3
s Mittel, - **3B**, 4c
die Mittel (Pl.) **3A**, 15
mitten **2**, 23
mittler- **3A**, 3
Mittel- **1**, 22
das Möbel, - **1**, 1; **1**, 27; **3A**, 7
möbliert **2**, 24; **3A**, 23
e Mode, -n **3A**, 9
modern **2**, 2
mögen **1**, 6; **1**, 29; **1**, 33; **3A**, 19
möglich **2**, 28; **3A**, 24; **3A**, 25

e Möglichkeit, -en **1**, 31; **3B**, 1j
möglichst **1**, 1; **3A**, 23
r Moment **1**, 30; **2**, 4; **2**, 5; **2**, 6; **3B**, 1j
r Monat, -e **1**, 20; **2**, 4; **2**, 24; **3A**, 9
monatlich **3A**, 8
r Mond, -e **1**, 2
r Monitor, -e **3A**, 36
r Mord, -e **2**, 34
morgen **1**, 7; **2**, 3; **2**, 4; **2**, 13; **3A**, 6
r Morgen **2**, 9; **3C**, 1
morgens **3C**, 2A
morgig- **2**, 24
r Motor, -en **3A**, 4
s Motorrad, ¨er **3A**, 18; **3A**, 22
müde **1**, 2; **2**, 2
e Mühe **3A**, 15
r Müll **3A**, 29
r Mülleimer, - **3C**, 1
r Mund, ¨er **1**, 2; **1**, 20; **2**, 19
mündlich **2**, 7; **3A**, 37
s Museum, Museen **3A**, 4
e Musik **1**, 22; **3B**, 1e
müssen **1**, 4; **1**, 14; **1**, 24; **1**, 27; **2**, 6
r Mut **3A**, 2
e Mutter, ¨ **1**, 10, **1**, 18; **1**, 30; **1**, 33; **3A**, 4
e Muttersprache **1**, 8

nach **1**, 4; **1**, 5; **1**, 27; **2**, 4; **2**, 23
r Nachbar, -n **3A**, 11; **3A**, 37
nachdem **2**, 9; **2**, 26; **3A**, 23
nachdenken **1**, 25; **2**, 27; **3A**, 5
e Nachfrage **3A**, 5
nachher **1**, 7; **3A**, 14
e Nachricht, -en **3A**, 4
die Nachrichten (Pl.) **2**, 25
nachschlagen **3A**, 13
r Nachteil, -e **2**, 20; **2**, 27; **3A**, 5
r Nachtisch **3A**, 31
e Nadel, -n **2**, 34
r Nagel, ¨ **2**, 25; **3B**, 1f
nah(e) **2**, 2
näher- **2**, 4
nächst- **1**, 24; **2**, 4; **3A**, 8; **3A**, 12; **3A**, 13
e Nähe **1**, 32; **2**, 13
nähen **2**, 17
(jdm./sich) etwas nähen **3A**, 13
sich nähern **3A**, 35
s Nahrungsmittel, - **3A**, 22
r Name, -n **1**, 5; **3A**, 17
-name **1**, 16; **1**, 20; **3A**, 5
nämlich **2**, 14
e Nase, -n **1**, 2; **1**, 10; **1**, 15; **1**, 20; **2**, 17

nass **1**, 3; **2**, 2
e Natur **1**, 1; **1**, 19; **3A**, 7
natürlich **1**, 4; **1**, 27; **2**, 12; **2**, 23; **2**, 24
r Nebel, - **1**, 15; **2**, 8; **3A**, 8
neben **1**, 7; **1**, 27; **2**, 6
nebenan **3A**, 16
nebenbei **2**, 7; **2**, 27
neblig **3A**, 8
r Neffe, -n **1**, 18; **3A**, 7
negativ **2**, 2
nehmen **1**, 6; **1**, 23; **2**, 7; **2**, 13; **2**, 17
nein **1**, 4; **1**, 13; **1**, 17
nennen **3A**, 17
nervös **1**, 26
nett **1**, 13; **1**, 26; **3A**, 23
s Netz, -e **3A**, 35
neu **1**, 17; **2**, 2; **2**, 12; **2**, 13; **3A**, 4
neuest- **1**, 31; **2**, 6
neugierig **1**, 26; **3A**, 16
neulich **2**, 23
nicht **1**, 2; **1**, 4; **1**, 5; **1**, 8; **1**, 24
e Nichte, -n **1**, 18; **2**, 17; **2**, 22
r Nichtraucher, - **3A**, 34
nichts **1**, 17; **2**, 13; **2**, 18; **3A**, 8; **3A**, 9
nicken **3A**, 35
nie **1**, 5; **1**, 11; **1**, 15; **1**, 26; **2**, 23
niedrig **2**, 12; **2**, 24
niemand **3A**, 2; **3A**, 14
nirgends **3A**, 14
noch **1**, 4; **1**, 5; **1**, 6; **1**, 8; **1**, 24
r Norden **2**, 24; **3A**, 8
Nord **3A**, 27
Nord- **2**, 2
normal **3B**, 4
normalerweise **2**, 7
e Not **2**, 17
e Notaufnahme, -n **2**, 34
e Note, -n **3A**, 33
r Notausgang, ¨e **2**, 18
nötig **2**, 24
e Notiz, -en **3A**, 37
r Notruf **2**, 8
notwendig **1**, 3; **3A**, 12
die Nudeln (Pl.) **2**, 30
e Null, -en **1**, 11; **3B**, 2e
e Nummer, -n **3A**, 15; **3A**, 19; **3A**, 22
nun **1**, 13; **1**, 29, **2**, 7
nur **1**, 13; **1**, 17; **1**, 22; **1**, 27; **2**, 13
nützen **2**, 18
nützlich **3A**, 3

ob **2**, 7; **2**, 9; **2**, 13; **2**, 25; **3A**, 8
oben **1**, 7; **1**, 22; **1**, 32; **2**, 23

ober- **3A**, 8
r Ober, - **1**, 26; **2**, 3; **2**, 13; **2**, 27
s Obst **1**, 20
obwohl **2**, 9; **3A**, 15
oder **1**, 4; **1**, 5; **1**, 8; **1**, 15; **1**, 19
r Ofen, ¨ **1**, 27; **3A**, 4
offen **1**, 3
offenbar **3A**, 35
öffentlich **1**, 20; **2**, 7
e Öffentlichkeit **3A**, 16
offiziell **3A**, 3
öffnen **1**, 23; **3A**, 10; **3A**, 27
oft **1**, 7; **1**, 11; **1**, 13; **1**, 15; **1**, 22
öfter **3A**, 27
ohne **1**, 5; **3A**, 14
ohne dass **2**, 9
ohne zu **2**, 4
s Ohr, -en **1**, 10; **1**, 15
s Öl, -e **1**, 20; **1**, 33
r Onkel, - **1**, 14; **1**, 18
e Operation, -en **2**, 17
operieren **3A**, 17
s Opfer, - **2**, 34
e Opposition **2**, 14
ordentlich **1**, 26; **2**, 7; **3A**, 8
ordnen **3A**, 17
e Ordnung **3A**, 4; **3A**, 8
e Organisation, -en **1**, 32; **3A**, 18
organisieren **2**, 33
s Original, -e **2**, 18
r Ort, -e **3A**, 9; **3A**, 23
r Osten **3A**, 9
Ost **3A**, 27
Ost- **3A**, 31

s Paar, -e **2**, 29; **3A**, 9
ein paar **2**, 13; **3A**, 19
s Päckchen, - **3A**, 6; **3A**, 7; **3A**, 19
packen **2**, 23
s Paket, -e **1**, 28; **2**, 9; **3A**, 19
e Panne, -n **1**, 29
s Papier **1**, 10; **1**, 19; **2**, 19; **3A**, 22
die Papiere (Pl.) **1**, 5; **3B**, 4m
r Park, -s **1**, 19; **3A**, 7
parken **1**, 29; **2**, 27; **3A**, 1
r Parkplatz, ¨e **1**, 19
e Parkuhr, -en **1**, 9
s Parlament, -e **1**, 1; **2**, 8
e Partei, -en **2**, 6; **3A**, 12; **3A**, 25
r Partner, - **2**, 7; **3A**, 16
e Party, -s **2**, 18
r Pass, ¨e **2**, 5; **2**, 24; **3A**, 23
r Passagier, -e **3A**, 29
passen **1**, 9; **2**, 1; **2**, 13; **2**, 26; **3A**, 4
passieren **1**, 13; **2**, 23; **3A**, 10
passiv **3A**, 3

r Patient, -en **1**, 1; **1**, 24; **1**, 33; **2**, 17
e Pause, -n **3A**, 3
s Pech **2**, 19
e Pension, -en **3A**, 9; **3A**, 32
perfekt **2**, 31
e Person, -en **2**, 7; **3A**, 9
persönlich **3A**, 8
r Pfannkuchen, - **3C**, 2A
r Pfeffer **1**, 10
s Pferd, -e **1**, 4; **1**, 10
e Pflanze, -n **2**, 24
s Pflaster, - **2**, 25
e Pflaume, -n **2**, 34; **3C**, 1
pflegen **3A**, 17
e Pflicht, -en **3A**, 8
e Physik **3A**, 30
s Picknick **2**, 33; **3A**, 30
e Pille, -n **2**, 17; **2**, 22
r Pilz, -e **3C**, 1
s Plakat, -e **3A**, 17
r Plan, ¨e **2**, 13; **3A**, 13; **3B**, 1i
planen **1**, 5; **3A**, 3
s Plastik **3A**, 31
e Platte, -n **3A**, 16
r Platz, ¨e **2**, 5; **2**, 24; **3A**, 3; **3A**, 4
plötzlich **2**, 9
e Politik **1**, 1; **2**, 1; **2**, 8; **3A**, 12; **3A**, 13
r Politiker, - **1**, 14
politisch **1**, 8; **2**, 1; **2**, 27; **3A**, 25
e Polizei **2**, 6; **2**, 25
r Polizist, -en **1**, 14
e Portion, -en **3A**, 18
positiv **2**, 2
e Post **1**, 14; **2**, 12; **3A**, 7; **3A**, 19; **3A**, 22
e Postkarte, -n **1**, 5; **3A**, 19
e Postleitzahl, -en **1**, 15; **2**, 9; **3A**, 19
r Praktikant, -en **2**, 22
s Praktikum, Praktika **3A**, 11
praktisch **2**, 25
r Präsident, -en **1**, 1; **2**, 8
e Praxis **3A**, 9; **3B**, 1c
e Praxis, Praxen **2**, 17; **3B**, 1c
r Preis, -e **1**, 22; **2**, 7; **3A**, 4; **3A**, 15
preiswert **1**, 32; **2**, 1; **3A**, 15
e Presse **2**, 22; **3A**, 7; **3A**, 24
prima **3A**, 3
privat **3A**, 3
pro **3A**, 15
probieren **3A**, 9
s Problem, -e **1**, 4; **1**, 8; **1**, 15; **2**, 7; **3A**, 2
s Produkt, -e **2**, 19
e Produktion **3A**, 24

produzieren **3A**, 10
r Professor, -en **1**, 14
r Profi, -s **2**, 33
s Programm, -e **2**, 6; **3A**, 7
r Prospekt, -e **3A**, 4
s Projekt, -e **2**, 14
r Protest, -e **2**, 18
prost **3A**, 31
protestieren **2**, 22
r Prozess, -e **3A**, 2; **3A**, 4
prüfen **3A**, 17
e Prüfung, -en **1**, 4; **2**, 7; **2**, 13; **3A**, 1
e Psychologie **3A**, 30
s Publikum **3A**, 16
r Pudding **2**, 34; **3C**, 1
r Pullover, - **1**, 1; **1**, 16; **2**, 3
r Punkt, -e **1**, 28; **3A**, 2
pünktlich **1**, 8; **1**, 26; **3A**, 8
e Puppe, -n **1**, 22
putzen **1**, 26
(jdm./sich) etwas putzen **2**, 6

e Qualität, -en **3A**, 15; **3A**, 25
r Quark **2**, 34; **3C**, 1.5
quer **2**, 3
e Quittung, -en **1**, 30

s Rad, ¨er **1**, 17; **1**, 19; **2**, 19
Rad fahren **3A**, 1
s Radio, -s **3A**, 4; **3A**, 7; **3A**, 10
jdn./sich rasieren **3A**, 13
r Rat – r Ratschlag, ¨e **3A**, 11
raten **1**, 6; **2**, 17
s Rathaus, ¨er **3A**, 23; **3A**, 25
rauchen **1**, 8; **3A**, 4
r Raucher, - **3A**, 4
r Raum, ¨e **1**, 7; **2**, 5
reagieren **2**, 31
e Reaktion, -en **3A**, 1
realisieren **2**, 13
realistisch **2**, 22
e Recherche, -n **3A**, 34
rechnen **2**, 29; **3A**, 24
e Rechnung, -en **1**, 24; **2**, 14; **3A**, 24
recht **3B**, 4e
Recht haben **1**, 25
s Recht, -e **1**, 32; **2**, 31; **3A**, 23
rechts **1**, 7; **1**, 28; **2**, 13
recht- **1**, 32; **3A**, 22
r Rechtsanwalt, ¨e **1**, 14
e Rede, -n **3A**, 21; **3A**, 25 **3A**, 27
reden **1**, 4; **2**, 25; **3A**, 21
e Reform, -en **3A**, 12
s Regal, -e **1**, 1; **1**, 16; **1**, 27; **3A**, 7
e Regel, -n **1**, 13; **1**, 22; **3A**, 4; **3A**, 9

regelmäßig **2**, 7; **3A**, 21
regeln **1**, 15
r Regen, - **1**, 10; **1**, 19; **2**, 8
regieren **1**, 27
e Regierung, -en **1**, 1; **2**, 14
e Region, -en **2**, 6
regnen **2**, 3; **2**, 9; **3A**, 9
reich **1**, 3; **1**, 14
-reich **2**, 23
reif **3A**, 31
r Reifen, - **3A**, 23
e Reihe, -n **3A**, 3; **3B**, 3b
Reihenfolge, -n **2**, 21
rein **2**, 3
reinigen **3A**, 17
r Reis **1**, 2; **3A**, 31
e Reise, -n **1**, 29; **2**, 18; **3A**, 4
s Reisebüro, -s **2**, 18
reisen **1**, 15
r Rekord, -e **2**, 33
e Religion, -en **3A**, 30
e Rente, -n **1**, 27
e Reparatur, -en **1**, 16; **3A**, 21
reparieren **1**, 27; **3A**, 21
reservieren **3A**, 20; **3A**, 23
r Rest **2**, 4
r Rest, -e **2**, 27
s Restaurant, -s **1**, 14; **1**, 26; **2**, 18
s Resultat, -e **3A**, 34
retten **1**, 5
s Rezept, -e **2**, 17; **2**, 25
e Rezeption, -en **3A**, 32
richtig **1**, 3; **1**, 4; **2**, 2; **3A**, 21
e Richtung, -en **2**, 7
riechen **3A**, 1
r Ring, -e **2**, 22; **3A**, 16
s Risiko, Risiken **3A**, 34; **3A**, 37
r Rock, ¨e **1**, 4; **1**, 15
r Rock **1**, 31
roh **2**, 3
e Rolle, -n **2**, 26
rot **1**, 8, **1**, 12; **2**, 1; **2**, 23
Rück- **2**, 21; **3A**, 7; **3A**, 18
r Rücken, - **2**, 19
rückwärts **3A**, 14
rufen **2**, 13
e Ruhe **3A**, 4; **3A**, 16; **3B**, 1e
ruhig **1**, 26; **2**, 26; **3B**, 4h
rund **1**, 2; **1**, 22
r Rundfunk **2**, 25; **3A**, 7

e Sache **1**, 28; **3A**, 28; **3B**, 2a
die Sachen (Pl.) **1**, 5; **2**, 28; **3B**, 2e
r Saft, ¨e **3A**, 11
sagen **1**, 6; **1**, 26; **2**, 13
e Sahne **2**, 8

Alphabetische Wortliste 135

e Saison, -s **3A**, 32
r Salat, -e **1**, 10; **2**, 8
e Salbe, -n **2**, 8
s Salz **1**, 10
sammeln **2**, 25
r Sänger, - **3A**, 18
satt **3A**, 31
r Satz, ¨e **1**, 8; **2**, 26; **3A**, 4; **3A**, 9
sauber **2**, 2
e Sauce, -n (= e Soße, -n) **1**, 33
sauer **2**, 28; **3A**, 31
e Schachtel, -n **2**, 27; **3A**, 11
schade **2**, 28
schaden **2**, 25
r Schaden, ¨ **2**, 10; **2**, 26; **3A**, 4
schaffen **1**, 19, **2**, 25
e Schallplatte, -n **1**, 16
schalten **2**, 23
r Schalter, - **2**, 27; **3A**, 15; **3B**, 2e
scharf **2**, 28
r Schatten **1**, 19; **2**, 27
schauen **3A**, 37
s Schaufenster, - **1**, 31; **2**, 26
r Schauspieler, - **3B**, 4i
r Scheck, -s **2**, 23; **2**, 27
e Scheckkarte, -n **1**, 8; **3A**, 15
scheiden **2**, 25
r Schein, -e **3A**, 15
scheinen **3A**, 13; **2**, 33
schenken **1**, 22
e Schere, -n **3A**, 18
e Schicht, -en **3A**, 32
schicken **2**, 14; **2**, 18; **2**, 25; **3A**, 19
schieben **1**, 17
schief **2**, 28
s Schiff, -e **1**, 1; **2**, 19; **2**, 25; **3A**, 4
s Schild, -er **2**, 26
r Schirm, -e **2**, 27
schimpfen **2**, 25
schlafen **1**, 2; **1**, 8; **1**, 27; **2**, 26
schlagen **1**, 15; **2**, 25; **3A**, 1f
e Schlagzeile, -n **2**, 26; **3A**, 7
schlank **2**, 31
schlecht **1**, 3; **1**, 4; **1**, 15; **2**, 2; **2**, 28
schließen **1**, 23; **1**, 33; **2**, 4; **3A**, 4; **3A**, 10
schließlich **1**, 17, **3A**, 6
schlimm **1**, 24; **2**, 17; **2**, 28
s Schloss, ¨er **1**, 6
r Schluss **1**, 22; **2**, 5; **2**, 27
r Schlüssel, - **3B**, 2h
schmal **1**, 7; **2**, 2
schmecken **3A**, 1; **3A**, 3
r Schmerz, -en **1**, 8; **2**, 17; **2**, 26
r Schmuck **2**, 19
r Schmuggel **3A**, 35

schmutzig **1**, 3; **2**, 2
r Schnee **1**, 10; **1**, 19; **2**, 24; **2**, 8
schneiden **2**, 25
jdm./sich etwas schneiden **2**, 6
sich schneiden **2**, 25
schneien **2**, 25
schnell **1**, 3; **1**, 4; **1**, 13; **2**, 27; **3A**, 9
s Schnitzel, - **2**, 34; **3C**, 1.2
r Schnupfen **3A**, 29
e Schokolade **1**, 19; **2**, 8
schon **1**, 13; **1**, 30; **3B**, 4k
schön **2**, 2; **2**, 13; **3A**, 12; **3B**, 1j
r Schrank, ¨e **1**, 6; **1**, 10; **1**, 16; **1**, 21; **2**, 13
schrecklich **1**, 4; **2**, 26; **2**, 28
schreiben **1**, 8; **1**, 27; **2**, 4; **2**, 9; **2**, 14
s Schreiben, - **1**, 33; **2**, 10
r Schreibtisch, -e **1**, 1; **2**, 7; **3A**, 7
schreien **2**, 32
e Schrift, -en **2**, 26
schriftlich **2**, 7
r Schritt, -e **2**, 10; **2**, 26
r Schuh, -e **3A**, 9
r Schuhmacher, - **2**, 19
e Schuld **2**, 27
e Schuld, -en **1**, 25
schuldig **2**, 28
e Schule, -n **1**, 5; **1**, 14; **2**, 8; **3A**, 4
r Schüler, - **1**, 13; **3A**, 3
r Schuss, ¨e **2**, 34
r Schutz **2**, 27; **3A**, 21; **3B**, 1h
schützen **3A**, 21
jdn./sich schützen **2**, 6
schwach **1**, 3; **3A**, 25
schwanger **3A**, 33
schwarz **1**, 3; **1**, 12; **2**, 2
schweigen **2**, 29
schwer **2**, 2; **2**, 23; **3A**, 9; **3A**, 21; **3A**, 25
e Schwester, -n **1**, 18, **1**, 22; **1**, 31
Schwieger- **2**, 31
schwierig **1**, 29; **2**, 13; **3A**, 2; **3B**, 1i
e Schwierigkeit, -en **1**, 16; **1**, 33; **3A**, 2
schwimmen **1**, 16; **1**, 22; **3A**, 1
s Schwimmbad, ¨er **1**, 27; **2**, 19
schwitzen **1**, 23; **3A**, 1
schwul **3A**, 33
r See, Seen **1**, 1; **1**, 21; **3A**, 7; **3A**, 9
sehen **1**, 33; **2**, 4; **3A**, 3; **3A**, 8; **3A**, 19
e Sehenswürdigkeit, -en **3A**, 29
sehr **1**, 4; **1**, 8, **1**, 13; **1**, 24; **1**, 26
e Seife **2**, 27
sein **1**, 2; **1**, 4; **1**, 25; **1**, 27; **2**, 24

sein, seine **1**, 8; **1**, 26; **2**, 18; **2**, 23
seit **2**, 3; **2**, 4; **2**, 9; **3A**, 13; **3A**, 16
e Seite, -n **2**, 18; **2**, 25; **3A**, 16
selb- **3A**, 25
selbst **3A**, 13
selbstständig **2**, 28; **2**, 33
selbstverständlich **2**, 28
selten **1**, 3; **1**, 11; **1**, 27; **2**, 2; **3A**, 14
s Semester, - **2**, 27; **3A**, 32; **3A**, 37
senden
   1. hat gesendet **2**, 25
   2. hat gesandt **3A**, 19
e Sendung, -en **3A**, 19
senkrecht **2**, 2; **2**, 15
r Sessel, - **1**, 1; **3A**, 7
setzen **3A**, 17
sich setzen **2**, 11
sich **1**, 4; **1**, 5; **1**, 7; **1**, 13; **1**, 33
sicher **2**, 9; **2**, 22; **3A**, 19
e Sicherheit **2**, 4; **2**, 28; **3A**, 32
sichern **3A**, 24; **3A**, 35
sie **1**, 2; **1**, 4; **1**, 8; **1**, 15; **1**, 17
Sie **1**, 5; **1**, 6; **1**, 8; **1**, 11; **1**, 13
singen **1**, 2; **1**, 30
sinken **2**, 25
r Sinn **2**, 27; **3A**, 1
e Situation, -en **3A**, 16; **3A**, 32
r Sitz, -e **2**, 8
sitzen **1**, 8
e Sitzung, -en **3A**, 21; **3A**, 23
r Skandal, -e **3A**, 34
r Ski, -er (auch: -) **2**, 27
r Slip, -s **2**, 34
r Smog **3A**, 29
so **1**, 4; **1**, 25; **1**, 27; **3A**, 8; **3A**, 9
sobald **3A**, 19
r Socken, - **2**, 34
so dass **2**, 7
sofort **1**, 5; **1**, 7; **1**, 8; **1**, 26; **2**, 14
e Software **3A**, 36
sogar **1**, 4; **2**, 23
r Sohn, ¨e **1**, 18; **1**, 22; **1**, 33; **2**, 24
solange **2**, 9; **3A**, 32
solch- **1**, 31; **3A**, 3; **3A**, 27
solch **3A**, 2
r Soldat, -en **3A**, 11
sollen **1**, 4; **1**, 15; **3A**, 3; **3A**, 10; **3A**, 23
Sonder- **2**, 8
sondern **1**, 2; **1**, 4; **1**, 5; **3A**, 15
e Sonne **1**, 19
sonst **1**, 30; **2**, 14; **2**, 25; **2**, 28; **3A**, 13
e Sorge, -n **2**, 26
sorgen **3A**, 4; **3A**, 12; **3A**, 20; **3A**, 23

e Soße, -n (= e Sauce, -n) **2**, 28; **3A**, 21
s Souvenir, -s **3A**, 29
so viel/soviel **2**, 13; **3B**, 4e
sowieso **3A**, 35
sowohl ... als auch **2**, 14; **3A**, 22
sozial **2**, 28; **3A**, 32
r Sozialarbeiter, - **3A**, 34
spannend **2**, 28
sparen **1**, 27; **2**, 14, **2**, 27; **3A**, 15
sparsam **1**, 26, **2**, 28; **3A**, 15
r Spaß **1**, 27; **2**, 27
spät **1**, 13; **2**, 2; **2**, 14; **3A**, 20; **3A**, 25
später **1**, 4; **1**, 7
spazieren gehen **3A**, 21
speichern **3A**, 36
Speise- **2**, 30
-speise **2**, 30
Spezial- **3B**, 1h
r Spiegel, - **2**, 19
s Spiel, -e **2**, 28; **3A**, 4
spielen **1**, 8; **1**, 27; **2**, 26
s Spielzeug **1**, 22; **3A**, 22
spitz **3A**, 27
r Sport **1**, 20; **2**, 19; **3A**, 1
sportlich **2**, 3
e Sprache, -n **2**, 12; **3A**, 9; **3B**, 1h
sprechen **1**, 5; **2**, 22; **2**, 28; **3A**, 3; **3A**, 13
e Sprechstunde **1**, 1; **2**, 17; **2**, 27
s Sprichwort, ¨er **1**, 5
springen **2**, 25
e Spritze, -n **1**, 33; **2**, 17; **2**, 26
r Sprung, ¨e **3A**, 27
spülen **2**, 18; **2**, 25
e Spur, -en **3A**, 27
r Staat, -en **1**, 15; **1**, 21; **2**, 27
staatlich **2**, 28
e Staatsangehörigkeit **2**, 8
s Stadion, Stadien **3C**, 2
e Stadt, ¨e **1**, 15; **1**, 21; **1**, 22; **2**, 18; **3A**, 4
e Stadt **1**, 6; **1**, 27
städtisch **3A**, 25
r Stadtplan ¨e **2**, 5; **3A**, 22
r Standpunkt, -e **2**, 26
r Star, -s **3A**, 11
stark **1**, 5; **2**, 2; **2**, 4; **2**, 26; **3A**, 8
r Start, -s **3A**, 21
starten **3A**, 21
e Station, -en **2**, 29
statt **2**, 13; **3A**, 24
statt dass **3B**, 2h
statt zu **2**, 23
stattfinden **2**, 3

r Stau, -s **2**, 8
s Steak, -s **2**, 30
e Steckdose, -n **1**, 27; **2**, 26
stecken **2**, 7; **3A**, 17; **3B**, 1j
r Stecker, - **2**, 26
stehen **1**, 22; **1**, 26; **3B**, 1j; **3B**, 2e; **3B**, 2h
stehlen **3A**, 13
steigen **1**, 22; **2**, 7
steil **2**, 23
r Stein, -e **1**, 19; **2**, 32
e Stelle, -n **2**, 5; **2**, 12; **2**, 22; **3A**, 9; **3A**, 19
stellen **1**, 8; **3A**, 2; **3B**, 2f; **3B**, 2h
sich stellen **2**, 6
e Stellung, -en **2**, 12; **2**, 22; **3A**, 2
r Stempel, - **2**, 27
sterben **1**, 23; **2**, 4; **3A**, 21
r Stern, -e **1**, 19
e Steuer, -n **3A**, 11; **3A**, 12
r Stiefel, - **2**, 34
still **1**, 33; **3B**, 4j
e Stimme, -n **2**, 26
stimmen **3A**, 10; **3B**, 1i
e Stimmung, -en **3A**, 29; **3A**, 30
stinken **3A**, 35
r Stock **2**, 8; **2**, 25; **3A**, 10
s Stockwerk, -e **1**, 15; **2**, 27
r Stoff, -e **1**, 19
stolz **2**, 31
stoppen **2**, 25
stören **2**, 25
e Strafe, -n **2**, 27
r Strand, ¨e **3A**, 29
e Straße, -n **1**, 19; **1**, 22; **1**, 26; **2**, 3; **2**, 23
e Straßenbahn, -en **1**, 1; **1**, 8; **1**, 20; **3A**, 22
e Strecke, -n **2**, 23; **2**, 26
s Streichholz, ¨er **2**, 27
r Streik, -s **1**, 16; **2**, 3
streiken **2**, 12; **3A**, 1
r Streit **2**, 24; **2**, 26; **3A**, 23
streiten **2**, 25
sich streiten **3A**, 12
r Stress **2**, 31
r Strom **2**, 27; **3B**, 1b
r Strumpf, ¨e **1**, 29
ein (zwei, etc.) Stück **1**, 6; **1**, 14; **2**, 24; **2**, 26
s Stück, -e **1**, 16; **1**, 21; **2**, 25; **2**, 26
-stück **3A**, 15
r Student, -en **2**, 27
studieren **1**, 5; **2**, 17; **2**, 27; **3A**, 1; **3A**, 6
s Studio, -s **3A**, 11

s Studium, Studien **3A**, 11; **3A**, 30
e Stufe, -n **3A**, 33
r Stuhl, ¨e **1**, 10; **2**, 19; **3A**, 17
stumm **2**, 31
r Sturm, ¨e **2**, 26
stürzen **2**, 25
suchen **1**, 4; **1**, 27; **2**, 28
r Süden **2**, 27
Süd **3A**, 27
Süd- **3B**, 2h
e Summe, -n **2**, 27
r Supermarkt, ¨e **1**, 27; **2**, 26; **2**, 32
e Suppe, -n **1**, 10; **2**, 27
süß **2**, 28; **3A**, 31
s Symbol, -e **3A**, 36
sympathisch **1**, 3
s System, -e **2**, 27

e Tabelle, -n **3A**, 35
e Tablette, -n **2**, 7; **2**, 17; **2**, 22; **2**, 25
e Tafel, -n **3A**, 9
r Tag, -e **1**, 13; **1**, 17; **1**, 22; **1**, 24; **3A**, 33
e Tageszeit, -en **1**, 20
täglich **2**, 12
s Tal, ¨er **1**, 1; **1**, 19
tanken **3A**, 1
e Tankstelle, -n **2**, 8
e Tante, -n **1**, 18, **3A**, 7
r Tanz, ¨e **3A**, 16
tanzen **3A**, 1
r Tarif, -e **2**, 12; **3A**, 7
e Tasche, -n **3A**, 17
s Taschenbuch, ¨er **3A**, 17
e Tasse, -n **2**, 6; **2**, 19; **2**, 25
e Taste, -n **3A**, 36
e Tastatur, -en **3A**, 36
e Tat, -en **3A**, 13
r Täter, - **3A**, 27; **3C**, 2.3
e Tätigkeit, -en **1**, 33; **2**, 12; **2**, 25
e Tatsache, -n **3A**, 8
tatsächlich **3A**, 8
taub **2**, 31
s Taxi, -s **1**, 14; **1**, 20; **2**, 27
s Team, -s **3A**, 11
e Technik, -en **3A**, 9
technisch **3A**, 3; **3A**, 12; **3A**, 24
r Tee **1**, 5; **1**, 10
r Teil, -e **1**, 2; **1**, 15; **1**, 20; **2**, 7; **2**, 12
Teil- **3A**, 23
teil- **3A**, 23
s Teil, -e **3A**, 24
teilen **3A**, 13
teilnehmen **2**, 24; **3A**, 12; **3A**, 21
r Teilnehmer, - **2**, 34

Alphabetische Wortliste 137

s Telefon, -e **2**, 8; **2**, 9; **3A**, 19
s Telefonbuch, ¨er **3A**, 18; **3A**, 19
telefonieren **2**, 18; **3A**, 10; **3A**, 16; **3A**, 19
e Telefonkarte, -n **3C**, 1; **3C**, 2
e Telefonzelle, -n **3A**, 18; **3A**, 19
r Teller, - **2**, 25; **3A**, 3
e Temperatur, -en **2**, 1; **2**, 4; **2**, 24
s Tennis **1**, 20
r Teppich, -e **2**, 8
r Termin, -e **2**, 9; **2**, 11; **3A**, 3; **3A**, 28
e Terrasse, -n **2**, 30
teuer **1**, 27; **2**, 1; **2**, 2; **3A**, 15
r Text, -e **3A**, 9; **3B**, 1h
s Theater, - **2**, 18; **3A**, 23
s Thema, Themen **3A**, 3; **3A**, 4
s Ticket, -s **3A**, 11
tief **1**, 7; **2**, 26; **3A**, 3
s Tier, -e **1**, 20; **1**, 21; **2**, 19
r Tipp, -s **3A**, 11
tippen **3A**, 36
r Tisch, -e **1**, 2; **1**, 8; **2**, 9; **2**, 19; **3A**, 7
r Titel, - **2**, 11
e Tochter, ¨ **1**, 18; **1**, 22; **2**, 17
r Tod **2**, 20; **2**, 31
tödlich **3A**, 35
e Toilette, -n **2**, 18
tolerant **2**, 31
toll **3A**, 33
e Tomate, -n **3C**, 1
r Topf, ¨e **2**, 27
tot **2**, 2; **2**, 17
töten **3A**, 9
r Tourist, -en **3A**, 11
e Tradition, -en **3A**, 11
tragen **1**, 4; **1**, 15; **2**, 17; **2**, 27
trainieren **2**, 18
s Training **2**, 31
r Transport, -e **3A**, 21; **3A**, 29
transportieren **3A**, 21
r Traum, ¨e **3A**, 11; **3A**, 37
Traum- **2**, 31
träumen **2**, 18
traurig **1**, 3; **1**, 4; **2**, 2
treffen **1**, 6; **3A**, 10
sich treffen **2**, 4
treiben **2**, 33
r Trend, -s **3A**, 11
trennen **1**, 15; **1**, 23; **2**, 3
sich trennen **2**, 6
e Treppe, -n **1**, 15; **1**, 19
treten
    1. ist getreten **3A**, 3
    2. hat getreten **3A**, 23

treu **2**, 2
trinken **1**, 2; **1**, 5; **2**, 29
s Trinkgeld, -er **1**, 26
trocken **1**, 3; **2**, 2; **2**, 32
trocknen
    1. ist getrocknet **3A**, 13
    2. hat getrocknet **3A**, 13
r Tropfen, - **2**, 17
trotz **3A**, 3
trotzdem **2**, 14; **2**, 31
s T-Shirt, -s **3A**, 33
s Tuch, ¨er **2**, 18
tun **1**, 4; **1**, 6; **1**, 13; **1**, 27; **3B**, 2b
e Tür, -en **1**, 16; **2**, 11; **3A**, 4; **3A**, 22
e Türklinke, -n **3C**, 1
e Tüte, -n **3A**, 11
r Typ, -en **3A**, 3; **3A**, 8
typisch **3A**, 8

über **1**, 5; **1**, 17; **1**, 24; **3A**, 12; **3A**, 13
über- **3A**, 23
überall **1**, 7; **3A**, 5; **3A**, 13; **3A**, 14
überfahren **2**, 24; **2**, 25
überhaupt **2**, 13; **2**, 17; **2**, 27; **3A**, 2; **3B**, 4m
überholen **3A**, 1
überlegen **2**, 24
sich etwas überlegen **1**, 25
übermorgen **3A**, 5
übernachten **1**, 15
übernehmen **3A**, 20; **3A**, 23; **3A**, 24
überqueren **2**, 23
überraschen **3B**, 4f
überreden **2**, 22
e Überschrift, -en **3A**, 5
übersetzen **1**, 8; **3A**, 9
e Überstunde, -n **3A**, 29
e Übertragung, -en **3A**, 7
überweisen **3A**, 15; **3A**, 32
überzeugen **3B**, 4i
überzeugt sein **3A**, 12
e Überzeugung, -en **3A**, 18
üblich **2**, 24; **3A**, 31
übrig **2**, 24
die übrigen **3A**, 10
übrigens **2**, 10
e Übung, -en **3A**, 33
s Ufer, - **3A**, 11
e Uhr, -en **3A**, 13; **3B**, 2f
Uhr **1**, 6; **1**, 13; **1**, 27; **2**, 4
um **1**, 6; **1**, 22; **1**, 25; **3A**, 8; **3A**, 12
um so **3A**, 3
um ... zu **1**, 4; **1**, 15
sich umarmen **3A**, 33
sich umdrehen **3A**, 35

e Umgebung, -en **3B**, 4m
e Umleitung, -en **2**, 8
umsonst **2**, 11; **3A**, 37
umsteigen **2**, 11
umtauschen **2**, 29
e Umwelt **1**, 4; **3A**, 3; **3A**, 4; **3B**, 1h
umziehen
    1. hat umgezogen, jdn./sich umziehen **3A**, 23
    2. ist umgezogen **3A**, 6
un- **3A**, 12; **3A**, 16; **3A**, 19
unbedingt **2**, 17; **2**, 23; **3A**, 3
und **1**, 2; **1**, 5; **1**, 26; **2**, 14; **2**, 17
r Unfall, ¨e **1**, 13; **1**, 32; **2**, 5; **2**, 23
ungefähr **2**, 7; **3A**, 15
s Unglück **2**, 5; **3A**, 2
unheimlich **3A**, 33
e Universität, -en **1**, 5; **1**, 14; **3A**, 1
unser, unsere **1**, 14; **1**, 25; **1**, 33; **2**, 12
unten **1**, 7
unter- **2**, 27
unter **1**, 15; **1**, 27; **3A**, 14
e Untergrundbahn, -en/e U-Bahn, -en **1**, 8
sich unterhalten **3A**, 12
e Unterhaltung **3A**, 23
e Unterhaltung, -en **2**, 5
s Unterhemd, -en **2**, 34
e Unterhose, -n **2**, 34
e Unterkunft **3A**, 16
r Unterricht **1**, 13; **1**, 16; **2**, 8; **3A**, 3
unterrichten **1**, 8; **3A**, 16
r Unterrock, ¨e **2**, 34
unterscheiden **1**, 4
sich unterscheiden **2**, 6
r Unterschiede, -e **2**, 18; **3A**, 3; **3A**, 16
unterschreiben **2**, 9; **3A**, 4
e Unterschrift, -en **3A**, 4
unterstützen **3A**, 2; **3A**, 6
untersuchen **2**, 17; **2**, 18
e Untersuchung, -en **3A**, 24
e Unterwäsche **2**, 34
unterwegs **2**, 28; **3A**, 5
r Urlaub **1**, 6; **2**, 12; **2**, 22; **3A**, 6; **3A**, 15
e Ursache, -n **3A**, 32
s Urteil, -e **3A**, 8

r Vater, ¨e **1**, 8; **1**, 10; **1**, 18, **1**, 26
sich verabreden **3A**, 27
vegetarisch **2**, 7
sich verabschieden **2**, 4; **3A**, 27
verändern **3A**, 21; **3A**, 27

sich verändern **3A**, 27
e Veranstaltung, -en **2**, 7
verantwortlich **2**, 12; **3A**, 8
e Verantwortung **3A**, 8; **3A**, 20
verbessern **1**, 23; **3A**, 10; **3A**, 27
sich verbessern **3A**, 27
e Verbesserung, -en **2**, 22 **3A**, 3
verbieten **1**, 23; **2**, 14; **3A**, 21
verbinden **1**, 23; **2**, 17; **3A**, 13
e Verbindung, -en **3A**, 16
s Verbot, -e **3A**, 25
verbrauchen **2**, 23
s Verbrechen, - **2**, 34
r Verbrecher, - **3A**, 25
verbringen **3A**, 6; **3A**, 15; **3A**, 23
r Verdacht **3A**, 35
verdächtigen **3A**, 33
verdienen **2**, 12; **3A**, 1; **3A**, 15; **3A**, 20
r Verein, -e **1**, 15; **1**, 33; **2**, 33
s Verfahren, - **3A**, 4; **3A**, 32
e Vergangenheit **2**, 20
vergeblich **1**, 24; **2**, 7
vergessen **1**, 5; **1**, 28; **3A**, 10; **3A**, 19
r Vergleich, -e **3A**, 25
vergleichen **3A**, 27
s Vergnügen **3A**, 9
vergrößern **3A**, 27
sich vergrößern **3A**, 27
verhaften **3A**, 25
s Verhalten **3A**, 12, **3A**, 23
sich verhalten **1**, 4; **2**, 19; **3A**, 3; **3A**, 21
s Verhältnis **3A**, 25
die Verhältnisse (Pl.) **3A**, 25; **3A**, 27
verheiratet **3A**, 5
verhindern **3A**, 20
verkaufen **1**, 14; **2**, 18; **3A**, 2; **3A**, 21
r Verkäufer, - **1**, 14
r Verkehr **1**, 15; **2**, 4; **2**, 8; **2**, 23; **3A**, 7
s Verkehrsmittel, - **1**, 20; **2**, 7; **3A**, 22
r Verkehrsverein, -e **3A**, 25
s Verkehrszeichen, - **1**, 15; **2**, 23; **3A**, 25
verlangen **3A**, 25
verlängern **3A**, 27
verlassen **1**, 30; **3A**, 5; **3A**, 37
sich verlassen auf **2**, 6; **2**, 22
verletzen **3A**, 27
sich verletzen **3A**, 27
e Verletzung, -en **3A**, 25
sich verlieben **2**, 29

verlieren **1**, 23; **1**, 32; **2**, 23; **3A**, 20
r Verlust, -e **2**, 20; **3A**, 24
vermieten **2**, 24
r Vermieter, - **3A**, 2
e Vermittlung, -en **3A**, 25
vermuten **1**, 25
vernünftig **2**, 24
veröffentlichen **3A**, 17; **3A**, 27
verpassen **3A**, 6; **3A**, 20
verraten **3A**, 27
verreisen **1**, 15
verrückt **3B**, 2a
e Versammlung, -en **3A**, 25
versäumen **3C**, 1.4
verschieden **2**, 18; **3A**, 16
verschlechtern **1**, 23; **3A**, 27
sich verschlechtern **2**, 6
verschreiben **2**, 17; **2**, 22
versichern **3A**, 9; **3A**, 25
e Versichertenkarte, -n **2**, 17; **3C**, 1
e Versicherung, -en **2**, 12; **3A**, 25
sich verspäten **2**, 10
e Verspätung, -en **1**, 28
versprechen **3A**, 5; **3A**, 13; **3A**, 20
s Verständnis **3B**, 4j
sich versprechen **3A**, 27
(sich) verstecken **3C**, 2
verstehen **1**, 5; **1**, 26; **2**, 26; **3A**, 2; **3A**, 3
sich verstehen **3A**, 3
r Versuch, -e **3A**, 21; **3A**, 25
versuchen **2**, 7; **3A**, 21; **3A**, 27
verteilen **2**, 24; **3A**, 27
r Vertrag, ¨-e **2**, 12; **3A**, 4; **3A**, 7
s Vertrauen **2**, 20
vertreten **3B**, 3a
r Vertreter, - **2**, 12; **3A**, 9; **3A**, 16
verursachen **2**, 26; **3A**, 4
verurteilen **3A**, 27
e Verwaltung **1**, 32; **2**, 5
verwandt **2**, 2
r/e Verwandte, -n **2**, 22
verwechseln **1**, 33; **3A**, 20
verwenden **3A**, 13
verwitwet **2**, 32
verzeihen **2**, 29
e Verzeihung **2**, 5; **2**, 30
Video- **2**, 33
s Vieh **1**, 14
viel **1**, 2, **1**, 3; **1**, 4; **1**, 22; **2**, 26
vielleicht **2**, 19; **3B**, 4m
s Visum, Visa **1**, 15
r Vogel, ¨ **1**, 19; **1**, 20; **2**, 27
s Volk, ¨-er **3A**, 23
e Volkshochschule, -n **2**, 33
voll **2**, 2

voll- **1**, 33
Voll- **3A**, 31
-voll **2**, 22
völlig **2**, 18; **3A**, 27
von **1**, 2; **2**, 7; **2**, 17; **2**, 24; **2**, 27
vor **1**, 2; **1**, 8; **1**, 13; **3A**, 14; **3B**, 1j
voraus **2**, 10
e Voraussetzung, -en **3A**, 24
vorbei **2**, 18; **3A**, 23
vorbereiten **3A**, 27; **3A**, 37
sich vorbereiten **3A**, 20; **3A**, 37
e Vorfahrt **2**, 23; **3A**, 26
vorgestern **3A**, 19
vorhaben **3A**, 28
r Vorhang, ¨-e **3A**, 26
vorher **1**, 7; **1**, 27; **2**, 17; **3A**, 14
vorhin **2**, 18
vorig- **2**, 4
vorkommen **1**, 19; **3A**, 9; **3A**, 28
vorläufig **2**, 24
vorn **3A**, 14
vorder- **3A**, 22
r Vorort, -e **3A**, 26
r Vorschlag, ¨-e **1**, 25; **2**, 7; **3A**, 5
vorschlagen **1**, 28; **3A**, 28
e Vorschrift, -en **3A**, 13
e Vorsicht **3A**, 8
vorstellen
 1. jdn./sich v. **2**, 12
 2. sich etwas v. **1**, 25
e Vorstellung **3A**, 23
e Vorstellung, -en **1**, 30; **3A**, 10; **3A**, 26
r Vorteil, -e **2**, 20; **2**, 27; **3A**, 5
r Vortrag, ¨-e **3A**, 26
s Vorurteil, -e **3A**, 26
e Vorwahl, -en **2**, 8
vorwärts **3A**, 14
vorziehen **3A**, 28

waagrecht **2**, 2
wach **1**, 3
wachsen **3A**, 20; **3A**, 32
e Waffe, -n **3C**, 2
r Wagen, - **1**, 32; **2**, 23; **2**, 27; **2**, 28; **3A**, 15
e Wahl **3A**, 28
e Wahl, -en **3A**, 11
wählen **2**, 12; **2**, 30; **3A**, 19
wahnsinnig **3A**, 33
wahr **3A**, 8; **3B**, 4l
während **1**, 27; **2**, 9; **2**, 25
e Wahrheit **1**, 26; **2**, 20; **3A**, 8
wahrscheinlich **2**, 4; **3A**, 21
r Wald, ¨-er **1**, 15; **2**, 3

Alphabetische Wortliste 139

e Wand, ⁻e **1**, 2; **2**, 25; **3A**, 17; **3B**, 1f
wandern **2**, 33
wann **1**, 6; **1**, 13; **2**, 3; **2**, 24; **3A**, 10
e Ware, -n **2**, 26; **3A**, 2; **3A**, 10; **3A**, 27
warm **1**, 3; **1**, 4; **1**, 29; **2**, 1
e Wärme **2**, 20
warnen **3A**, 16
warten **3A**, 12
warum **1**, 6; **1**, 13; **3A**, 20
was **1**, 5; **1**, 6; **1**, 26; **1**, 27; **2**, 23
e Wäsche **1**, 15; **3B**, 2h
waschen
    1. jdn./sich w. **3A**, 6
    2. jdm. sich etwas w. **2**, 6
    3. etwas w. **3A**, 26
s Waschmittel, - **3A**, 34
s Wasser **2**, 19, **3A**, 9; **3B**, 1i
s WC, WCs **2**, 8
wechseln **3A**, 4; **3A**, 15; **3A**, 20
wecken **3A**, 20
r Wecker, - **3B**, 2h
weder ... noch **1**, 8; **2**, 14
r Weg, -e **1**, 17; **3A**, 12
weg **3B**, 2c; **3B**, 4b
weg- **3A**, 9; **3B**, 2c
wegen **3A**, 9; **3A**, 21; **3B**, 1e
weh tun **2**, 17
weiblich **1**, 18; **2**, 24
weich **2**, 2
sich weigern **3A**, 33
weil **1**, 27; **2**, 9; **2**, 25; **2**, 27
r Wein, -e **1**, 2; **1**, 4; **1**, 10
weinen **1**, 23; **1**, 24
weiß **1**, 12; **1**, 15; **2**, 2
weit **1**, 6; **2**, 2; **3B**, 2d; **3B**, 3a
weiter **2**, 6; **3A**, 24
weiter- **3A**, 9
e Weiterbildung **2**, 34
welcher, welches, welche **1**, 5; **1**, 6; **2**, 7; **3A**, 27
welche (pronominal) **1**, 15; **1**, 27
e Welt **1**, 4; **3A**, 21
wenig **1**, 2; **1**, 4; **1**, 26; **2**, 23; **3A**, 15
wenigstens **3A**, 15
wenn **1**, 2; **1**, 15; **1**, 26; **2**, 25; **3A**, 9
wer **1**, 6; **2**, 27; **3B**, 1e
e Werbung **2**, 8; **3A**, 8
werden **1**, 8; **2**, 3; **2**, 24; **2**, 25; **3A**, 24
werfen **3A**, 9
s Werk, -e **2**, 5; **2**, 12; **3A**, 24
e Werkstatt, ⁻en **1**, 16
s Werkzeug, -e **1**, 21
wert **3A**, 15

-wert **3A**, 3
r Wert **3A**, 15; **3A**, 16
wesentlich **3A**, 27
weshalb **3A**, 6
wessen **1**, 6
r Westen **3A**, 8
West **3A**, 27
West- **2**, 32
s Wetter **1**, 2; **1**, 4; **2**, 8; **3A**, 4
r Wetterbericht, -e **1**, 19; **2**, 22
wichtig **1**, 3; **2**, 28; **3A**, 3; **3A**, 8
widersprechen **3A**, 13
wie **1**, 5; **1**, 6; **1**, 13; **2**, 10; **2**, 24
wieder **1**, 6; **1**, 28; **1**, 30; **3A**, 6; **3A**, 13
wieder- **2**, 4; **3A**, 6
wiederholen **3A**, 4
s Wiederhören **2**, 8
s Wiedersehen **2**, 18
wiegen **3A**, 17
e Wiese, -n **3A**, 13
wieso **3A**, 3
wieviel **1**, 6; **1**, 13; **1**, 31; **3A**, 20
willkommen **2**, 7
r Wind, -e **1**, 10; **1**, 19
winken **3A**, 13; **3B**, 2e
wir **1**, 2; **1**, 5; **1**, 8; **1**, 14; **2**, 4
wirken **2**, 29
wirklich **1**, 13; **2**, 13; **2**, 28; **3A**, 9; **3A**, 23
e Wirklichkeit **3A**, 24
e Wirkung, -en **2**, 18
r Wirt, -e **1**, 30
e Wirtschaft, -en **1**, 30
wissen **1**, 5; **1**, 6; **1**, 13; **1**, 17; **1**, 26
e Wissenschaft, -en **2**, 18; **3A**, 30
r Witz, -e **3A**, 33
wo **1**, 5; **1**, 6; **1**, 32; **3B**, 2h
wo(r)- **3A**, 12; **3B**, 2g; **3B**, 2h
e Woche, -n **1**, 13; **1**, 27; **2**, 4
s Wochenende, -n **2**, 5; **2**, 13
r Wochentag, -e **1**, 20
woher **1**, 6
wohin **1**, 6; **2**, 13
wohl **1**, 13; **3B**, 4l
s Wohl **3A**, 31
r Wohnblock, ⁻e **2**, 18
wohnen **1**, 8; **2**, 3; **2**, 24; **2**, 28; **3A**, 6
e Wohnung, -en **2**, 5; **2**, 8; **2**, 9; **2**, 19; **3A**, 10
e Wolke, -n **1**, 19
e Wolle **2**, 3
wollen **1**, 5; **1**, 17, **2**, 3; **2**, 7; **3A**, 2
s Wort, ⁻er **1**, 5; **1**, 31; **2**, 14
s Wort, -e **3A**, 13

s Wörterbuch, ⁻er **2**, 3; **2**, 21
e Wunde, -n **2**, 8; **2**, 17
wunderbar **2**, 2
wundern **3A**, 2
sich wundern **3B**, 2h
r Wunsch, ⁻e **3A**, 21
wünschen **2**, 13; **3A**, 21
sich etwas wünschen **2**, 6
e Wurst, ⁻e **1**, 14; **2**, 19; **3A**, 13; **3A**, 18
wütend **2**, 31

e Zahl, -en **1**, 20; **2**, 6; **3A**, 24
zahlen **2**, 13; **2**, 14; **2**, 24; **2**, 27; **3A**, 15
zählen **3A**, 15; **3A**, 16
zahlreich **3A**, 3
r Zahn, - **2**, 3; **2**, 6
e Zahncreme, -s **3A**, 34
e Zahnpasta, Zahnpasten *siehe* **3A**, 34
s Zeichen, - **3A**, 6
zeichnen **3A**, 13
e Zeichnung, -en **3A**, 18
zeigen **3A**, 9; **3B**, 2d
e Zeile, -n **3A**, 16
e Zeit **1**, 7; **1**, 27; **2**, 4; **2**, 19
e Zeit, -en **2**, 28
e Zeitschrift, -en **3A**, 7; **3A**, 8; **3A**, 27
e Zeitung, -en **1**, 10; **1**, 14; **1**, 24; **1**, 27; **2**, 7
s Zelt, -e **1**, 15
zentral **3B**, 2g
s Zentrum, Zentren **3A**, 11
zerstören **2**, 18
s Zertifikat, -e **1**, 4; **3A**, 33
r Zettel, - **1**, 27
s Zeug **3A**, 3
-zeug **1**, 22; **3A**, 22
r Zeuge, -n **3A**, 9
s Zeugnis, -se **2**, 8; **3A**, 11
ziehen
    1. hat gezogen **2**, 3; **2**, 13
    2. ist gezogen **2**, 27
s Ziel, -e **2**, 28; **3A**, 20
ziemlich **1**, 27
e Zigarette, -n **2**, 11; **3A**, 4
s Zimmer, - **1**, 10; **1**, 27; **1**, 29; **2**, 5
die Zinsen (Pl.) **3A**, 15
e Zitrone, -n **1**, 10
e Zone, -n **3A**, 35
r Zoo, -s **2**, 33
r Zorn **3A**, 34
zornig **3A**, 33
zu **1**, 4; **1**, 5; **1**, 8; **1**, 26; **2**, 24

r Zucker **2**, 26
zuerst **2**, 12; **3A**, 14; **3A**, 20
e Zufall, ¨e **2**, 5
zufällig **2**, 7; **2**, 18
zufrieden **2**, 23
r Zug, ¨e **1**, 6; **1**, 25; **2**, 11; **2**, 27; **3A**, 20
s Zuhause **2**, 33
zuhören **3A**, 5
e Zukunft **2**, 19; **2**, 20; **3A**, 12
zuletzt **3A**, 14
zumachen **1**, 13; **1**, 23; **2**, 13; **3A**, 4

zunehmen **1**, 23; **3A**, 8
zurück **3A**, 5
zurück- **1**, 13; **2**, 4; **2**, 13; **2**, 23; **3A**, 15
zusammen **2**, 25
zusammen- **2**, 27; **3A**, 13; **3A**, 21
zusammenfassen **2**, 32
r Zusammenhang, ¨e **2**, 18
zuschauen **3A**, 5
zu sein **2**, 11
r Zustand **2**, 6; **3A**, 11
die Zustände (Pl.) **2**, 18; **3A**, 11

zuverlässig **1**, 26; **2**, 1
zu viel **3A**, 3
zu wenig **3A**, 3
zwar **1**, 17; **2**, 13; **2**, 14; **2**, 24; **3A**, 3
r Zweck, -e **3A**, 20
r Zweck **3A**, 9
r Zweifel, - **3A**, 11; **3A**, 21
zweifeln **3A**, 21
e Zwiebel, -n **2**, 25
zwingen **2**, 27; **3A**, 17
zwischen **2**, 3; **2**, 4; **3A**, 16; **3A**, 25

Lösungsschlüssel / Bewertungsvorschläge

Und so überprüfen Sie Ihre Wortschatzkenntnisse: Wenn Sie eine Übung (bzw. Stufe) beendet haben, sehen Sie im folgenden Lösungsschlüssel nach, und stellen Sie fest, wie viele richtige Lösungen Sie haben. Nach jedem Lösungswort (-satz) befindet sich ein Kästchen, das Sie ankreuzen, wenn Ihre Lösung richtig ist. Für jedes Kreuzchen berechnen Sie sich einen Punkt und tragen das Ergebnis in das leere Kästchen am Rand ein. (Das andere Kästchen zeigt zum Vergleich die maximal mögliche Punktzahl.)

Haben Sie alle Übungen einer Stufe durchgearbeitet, so addieren Sie die von Ihnen erreichten Punkte und vergleichen Sie Ihr Ergebnis mit den untenstehenden Bewertungstabellen. Sollten Sie – was wir nicht hoffen wollen – nur die Note „mangelhaft" (= nicht bestanden) erreichen, so arbeiten Sie besonders die Übungen, bei denen Sie weniger als 60% richtige Lösungen haben, noch einmal gründlich durch.

Bewertungstabellen:

Stufe 1

Zahl der richtigen Lösungen	Note
532–479	sehr gut
478–425	gut
424–372	befriedigend
371–319	ausreichend
weniger als 319	mangelhaft

Stufe 2

Zahl der richtigen Lösungen	Note
587–529	sehr gut
528–471	gut
470–412	befriedigend
411–353	ausreichend
weniger als 353	mangelhaft

Stufe 3 A / *Stufe 3 B* / *Stufe 3 C*

Zahl der richtigen Lösungen	Zahl der richtigen Lösungen	Zahl der richtigen Lösungen	Note
670–604	230–208	104–94	sehr gut
603–537	207–185	93–83	gut
536–470	184–162	82–72	befriedigend
469–402	161–138	71–61	ausreichend
weniger als 402	weniger als 138	weniger als 61	mangelhaft

Stufe 1

1. *Fahrzeuge*: Bus □, Schiff □, Straßenbahn □
Möbel: Schreibtisch □, Sessel □, Couch □, Regal □
Politik: Parlament □, Bundeskanzler □, Regierung □, Bundespräsident □
Natur: See □, Fluss □, Berg □, Tal □
Medizin: Medikament □, Arzt □, Sprechstunde □, Patient □
Kleidungsstücke: Mantel □, Hose □, Jacke □, Pullover □

| 23 | |

2. b) Wind □ **c)** Kind □ **d)** Hand □ **e)** sind □ **f)** Wand □ **g)** Land □ **h)** Mund □ **i)** rund □ **j)** Hund □
b) Wein □ **c)** Lied □ **d)** Nase □ **e)** Hose □ **f)** viel □ **g)** Reis □ **h)** euch □

| 16 | |

3. a) dunkel □ **b)** schnell □ **c)** arm □ **d)** jung □ **e)** kurz □ **f)** falsch □ **g)** kalt □ **h)** lustig □ **i)** wenig □ **j)** schlecht □ **k)** dumm □ **l)** interessant □

| 12 | |

4. a) wenige □ **b)** kalten □ **c)** langsamer □ **d)** alt □ **e)** lustiger □ **f)** schlechten □ **g)** kürzer □ **h)** armes □ **i)** später □ **j)** falsch □ **k)** dumm □ **l)** interessanter □

| 12 | |

5. b) buchstabieren □ **c)** vergessen □ **d)** Sprechen □ / verstehen □ **e)** studieren □ **f)** trinkst □ **g)** lernt □ **h)** gekauft □ **i)** kenne □ **j)** Weißt / heißt □ **k)** entschuldigen □ **l)** gelebt □ **m)** sehen □ **n)** gehört □ **o)** schlief ... ein □ **p)** gemalt □ **q)** kennen gelernt □ **r)** planen □ **s)** gerettet □ **t)** eingepackt □ **u)** heben □

| 22 | |

6. b) Warum □ **c)** Wo □ **d)** wie viel / wie viele □ **e)** Was □ **f)** Wann □ **g)** Woher □ **h)** Welchen □ **i)** Wie □ **j)** Wohin □ **k)** Wem □ **l)** wen □ **m)** wie viel □ **n)** wem □ **o)** Wie □ **p)** warum □ **q)** Wie □ **r)** Woher □ **s)** wessen □ **t)** Wer □ **u)** Wo □ **v)** Wie viel □ **w)** Wo □

| 22 | |

7. *Raum:* breit □, unten □, überall □, rechts □, links □, schmal □, hoch □, oben □, tief □, hier □, neben □, drinnen □, draußen □
Zeit: oft □, bald □, dann □, vorher □, morgen □, nachher □, gestern □, früher □, jetzt □, sofort □, immer □, längst □, später □

| 26 | |

8. a) arbeiten □ **b)** wohnt □ **c)** interessieren □ **d)** Stell □ **e)** danke □ **f)** Frag □ **g)** gehst □ **h)** Fährst □ **i)** spricht □ **j)** Lernen □ **k)** lesen □ / schreiben □ **l)** schläft □ **m)** essen □ **n)** Siehst □ **o)** bezahlen □ **p)** unterrichtet □ **q)** rauchen □ **r)** geben □ **s)** Spielen □ **t)** leiten □ **u)** kommst □ **v)** gefallen □ **w)** sitzen □ / liegen □ **x)** lügt □

| 26 | |

9. b) r Sommer □ **c)** r Herbst □ **d)** r Winter □

| 3 | |

10. a) Wein □ **b)** Bier □ **c)** Suppe □ **d)** Fuß □ **e)** Papier □ **f)** Fisch □ **g)** Feiertag □ **h)** Renate □ **i)** Dezember □ **j)** Winter □ **k)** Bein □ **l)** Zimmer □ **m)** Mensch □ **n)** Wein □ **o)** Kaufhaus □ **p)** Gewürz □

| 16 | |

11. selten – manchmal – oft – meistens – immer □

| 1 | |

12. schwarz □, rot □, gelb □, grün □, blau □, braun □, grau □

| 7 | |

13. a) 2h □, 3a □, 4g □, 5j □, 6b □, 7e □, 8d □, 9c □, 10i □, **b)** 2b □, 3h □, 4g □, 5a □, 6c □, 7e □, 8f □

| 16 | |

14. b) r Techniker, - □ **c)** r Verkäufer, - □ **d)** r Politiker, - □ **e)** r Taxifahrer, - □ **f)** r Mechaniker, - □ **g)** r Elektriker, - □ **h)** r Briefträger, - □ **i)** r Rechtsanwalt, ⸚e □ **j)** r Augenarzt, ⸚e □ **k)** e Krankenschwester, -n □ **l)** r/e Postangestellte, -n □ **m)** r Universitätsprofessor, -en □
a) Bauer □ **b)** Bäcker □ **c)** Kellner □ **d)** Friseur □ **e)** Metzger □ **f)** Lehrer □

| 18 | |

15. b) s Gesicht, -er ☐ **c)** s Gesetz, -e ☐ **d)** s Herz, -en ☐ **e)** r Wald, ⸚er ☐ **f)** s Visum, Visa ☐
g) r Verkehr ☐ **h)** s Verkehrszeichen, - ☐ **i)** r Verein, -e ☐ **j)** e Unterwäsche ☐ **k)** s Gepäck ☐
l) e Treppe, -n ☐ **m)** r Nebel ☐ **n)** e Marmelade ☐ **o)** s Zelt, -e ☐ **p)** e Zahnbürste, -n ☐
q) e Brille, -n ☐ **r)** s Geschenk, -e ☐ **s)** e Milch ☐ **t)** e Postleitzahl, -en ☐ **u)** s Getreide ☐

20 ☐

16. b) Dank ☐ **c)** Regal ☐ **d)** Kirche ☐ **e)** Vorname ☐ **f)** Pullover ☐ **g)** Gegenteil ☐
h) Sportplatz ☐ **i)** Briefträger ☐ **j)** Schallplatte ☐ **k)** Bücherschrank ☐ **l)** Fernsehapparat ☐
m) Bundesregierung ☐ **n)** Krankenschwester ☐ **o)** Deutschunterricht ☐ **p)** Reparaturwerkstatt ☐ **q)** Wirtschaftsminister ☐ **r)** Aufenthaltserlaubnis ☐ **s)** Höchstgeschwindigkeit ☐
t) Anfangsschwierigkeiten ☐

19 ☐

17. bei ☐ Grenze ☐ lag ☐ mit ☐ etwas ☐ der ☐ antwortete ☐ meinem ☐ für ☐ ging ☐
Tag ☐ Zöllner ☐ Sie ☐ aus ☐ Es ☐ die ☐ Sack ☐ nur ☐ war ☐ Fahrrad ☐

20 ☐

18. b) Bruder ☐ **c)** Mädchen ☐ **d)** Mann ☐ **e)** Onkel ☐ **f)** Tochter ☐ **g)** Großvater ☐
h) Nichte ☐ **i)** Ärztin ☐ **j)** Cousin ☐

9 ☐

19. *Natur:* r Regen, - ☐ r Berg, -e ☐ r Stein, -e ☐ s Tal, ⸚er ☐ s Gold ☐ r Fluss, ⸚e ☐
r Schatten ☐ r Baum, ⸚e ☐ r Blitz, -e ☐ r Vogel, ⸚ ☐ e Wolke, -n ☐ r Wind, -e ☐ e Sonne ☐
e Luft ☐ r Schnee ☐ r Stern, -e ☐
Mensch: s Haus, ⸚er ☐ e Treppe, -n ☐ e Mauer, -n ☐ r Parkplatz, ⸚e ☐ r Wetterbericht, -e ☐
s Rad, ⸚er ☐ r Park, -s ☐ e Landkarte, -n ☐ r Hafen, ⸚ ☐ r Garten, ⸚ ☐ e Fabrik, -en ☐
s Papier ☐ s Dorf, ⸚er ☐ e Schokolade ☐ r Stoff, -e ☐ e Brücke, -n ☐

32 ☐

20. b) Jahreszeiten ☐ **c)** Obst ☐ **d)** Gewichte ☐ **e)** Längenmaße ☐ **f)** Tageszeiten ☐ **g)** Planeten ☐ **h)** Zahlen ☐ **i)** Zeitmaße ☐ **j)** Kirchliche Feiertage ☐ **k)** Tiere ☐ **l)** Teile des Gesichts ☐ **m)** Wochentage ☐ **n)** Öffentliche Verkehrsmittel ☐ **o)** Sportarten ☐ **p)** Vornamen ☐
q) Brüche/Bruchzahlen ☐ **r)** Heizmaterial ☐ **s)** Kontinente ☐ **t)** Monatsnamen ☐

19 ☐

21. 2j ☐, 3p ☐, 4h ☐, 5q ☐, 6t ☐, 7l ☐, 8e ☐, 9o ☐, 10f ☐, 11n ☐, 12g ☐, 13u ☐,
14r ☐, 15v ☐, 16b ☐, 17m ☐, 18i ☐, 19c ☐, 20k ☐, 21a ☐, 22s ☐

21 ☐

22. b) Ausnahmen ☐ **c)** Beispiele ☐ **d)** Brüder ☐ **e)** Fehler ☐ **f)** Fragen ☐ **g)** Frauen ☐
h) Grüße ☐ **i)** Hände ☐ **j)** Häuser ☐ **k)** Hobbys ☐ **l)** Jahre ☐ **m)** Jungen ☐ **n)** Kinder ☐ **o)** Länder ☐ **p)** Mädchen ☐ **q)** Männer ☐ **r)** Monate ☐ **s)** Preise ☐ **t)** Regeln ☐
u) Schwestern ☐ **v)** Söhne ☐ **w)** Städte ☐ **x)** Tage ☐ **y)** Töchter ☐

b) Städte ☐ **c)** Grüße ☐ **d)** Fehler ☐ **e)** …länder ☐ **f)** Jahre ☐ **g)** Frauen ☐ Männer ☐
h) Monate ☐ **i)** Jungen ☐ Mädchen ☐ **j)** Hobbys ☐ **k)** Häuser ☐ **l)** Preise ☐
m) Ausnahmen ☐

38 ☐

23. 2h ☐, 3g ☐, 4m ☐, 5i ☐, 6k ☐, 7a ☐, 8r ☐, 9q ☐, 10e ☐, 11f ☐, 12o ☐, 13p ☐,
14b ☐, 15j ☐, 16l ☐, 17n ☐, 18c ☐

17 ☐

24. b) sich … gefreut ☐ **c)** weinen ☐ **d)** fürchtete sich ☐ **e)** lachen ☐ **f)** war … enttäuscht ☐
g) liebt ☐ **h)** klagt ☐ **i)** erschrak ☐ **j)** gehasst ☐

9 ☐

25. b) bin … anderer Ansicht ☐ **c)** gemeint ☐ **d)** Denkst ☐ **e)** vermutet ☐ **f)** sich … überlegt ☐ **g)** nehme an ☐ **h)** glaube ☐ **i)** mir … vorstellen ☐

8 ☐

26. b) intelligent ☐ **c)** vorsichtige ☐ **d)** pünktlich ☐ **e)** ehrlich ☐ **f)** sparsame ☐ **g)** blass ☐
h) kritischer ☐ **i)** großzügig ☐ **j)** neugierig ☐ **k)** nette ☐ **l)** komischer ☐ **m)** ordentlicher ☐
n) klein ☐ **o)** dünn ☐ **p)** nervös ☐ **q)** faul ☐ **r)** mutig ☐

17 ☐

27. Chef ☐ reagierte ☐ Haushalt ☐ frei ☐ sparen ☐ anstrengend ☐ Küche ☐ nur ☐
Mann ☐ backe ☐ welche ☐ Zettel ☐ Letzte ☐ Steckdosen ☐ leider ☐

15 ☐

28. b) abbiegen ☐ **c)** lehne … ab ☐ **d)** abgemeldet ☐ **e)** abgeben ☐ **f)** abstimmen ☐ **g)** abgeflogen ☐ **h)** abzuschließen ☐ **i)** hängt … ab ☐ **j)** abtrocknen ☐

9 ☐

29. b) angestrengt ☐ **c)** war ... an ☐ **d)** zeige ... an ☐ **e)** anfassen ☐ **f)** fing ... an ☐ **g)** dich ... anziehen ☐ **h)** anmelden ☐ **i)** angezogen ☐ **j)** streng dich ... an ☐

30. b) aufpassen ☐ **c)** aufstehen ☐ **d)** machen ... auf ☐ **e)** hört ... auf ☐ **f)** aufheben ☐ **g)** aufschreiben ☐ **h)** regt sich ... auf ☐

31. b) gehen ... aus ☐ **c)** sprechen ... aus ☐ **d)** ausgepackt ☐ **e)** sich ... ausruhen ☐ **f)** sieht ... aus ☐ **g)** ausstellen ☐ **h)** ausgefüllt ☐ **i)** ausschließen ☐ **j)** ausrechnen ☐ **k)** ausgesucht ☐ **l)** ist ... aus ☐

32. b) Appetit ☐ **c)** Ampel ☐ **d)** Arm ☐ **e)** Alter ☐ **f)** Anruf ☐ **g)** Apotheke ☐ **h)** Achtung ☐ **i)** Absicht ☐ **j)** Anmeldung ☐

b) Aussicht ☐ **c)** Art ☐ **d)** Autofahrer ☐ **e)** Ausweis ☐ **f)** ...automat ☐ **g)** Aufmerksamkeit ☐ **h)** Ausländeramt ☐ **i)** Autobahn ☐ **j)** Arbeiter ☐

33. b) ähnlich ☐ **c)** angeblich ☐ **d)** abhängig ☐ **e)** anderes ☐ **f)** aktiv ☐ **g)** angenehme ☐ **h)** allmählich ☐

b) aufmerksam ☐ **c)** ausreichende ☐ **d)** ...automatische ☐ **e)** Ausnahmsweise ☐ **f)** Anscheinend ☐ **g)** ängstlich ☐ **h)** Anfangs ☐

9	☐
7	☐
11	☐
18	☐
14	☐
532	☐

Summe Stufe 1
(Siehe Bewertungstabelle)

Stufe 2

1. *Farben:* blau ☐, rot ☐, gelb ☐
Charaktereigenschaften: ehrlich ☐, großzügig ☐, zuverlässig ☐, freundlich ☐
Temperaturen: kalt ☐, warm ☐, kühl ☐ heiß ☐
Menschlicher Körper: dick ☐, klein ☐, groß ☐, dünn ☐
Politik: demokratisch ☐, politisch ☐, liberal ☐, sozialistisch ☐
Geld: teuer ☐, preiswert ☐, kostenlos ☐, billig ☐

2. a) spät/selten ☐ **b)** dumm/berühmt ☐ **c)** böse/ärgerlich ☐ **d)** fett/kräftig ☐ **e)** wunderbar/elegant ☐ **f)** fremd/neu ☐ **g)** müde/stark ☐ **h)** fein/lieb ☐ **i)** treu/verwandt ☐

3. b) Ich fürchte, der Zahn muss gezogen werden. ☐ **c)** Die Straße führt quer durch den Wald. ☐ **d)** Meine Maschine fliegt in einer Stunde. ☐ **e)** Als wir abfuhren, war blauer Himmel. ☐ **f)** Der Pullover ist aus reiner Wolle. ☐ **g)** Herr Ober, das Schnitzel ist noch halb roh. ☐ **h)** Sie kommt wohl morgen hierher. ☐ **i)** Geld bedeutet Macht. ☐

b) Am Wochenende fahren/fuhren wir aufs Land. ☐ **c)** Hoffentlich regnet es morgen nicht! ☐ **d)** Seit wann lernen Sie Deutsch? ☐ **e)** Bleib doch noch ein bisschen! ☐ **f)** Ich gehe jetzt ins Bett. ☐

b) Gib/mir/bitte/das/Wörterbuch **c)** Haben/Sie/gut/geschlafen? ☐ **d)** Ich/habe/keine/Lust/mehr. ☐ **e)** Hast/du/heute/Zeit? ☐ **f)** Wo/wohnst/du/denn? ☐

23	☐
9	☐
18	☐

4. b) vor☐ **c)** seit☐ **d)** um☐ **e)** im☐ **f)** zwischen☐ **g)** –☐ **h)** In☐ **i)** im☐ **j)** –☐ **k)** –☐ **l)** nach☐ **m)** der☐ **n)** vor☐ **o)** im☐ **p)** Am☐ **q)** den☐ **r)** –☐ **s)** nach☐ **t)** am☐ **u)** –☐

20	☐

5. a) Direktion☐ **b)** Dank☐ **c)** Verwaltung☐ **d)** Stadtplan☐ **e)** Achtung☐ **f)** Zufall☐ **g)** Lehrer☐ **h)** Gruß☐ **i)** Ausdruck☐ **j)** Wohnung☐ **k)** Werk☐ **l)** Einkommen☐ **m)** Ausgang☐ **n)** Gasthaus☐

14	☐

6. b) sich ... verschlechtert☐ **c)** stellte sich☐ **d)** wünscht sich☐ **e)** mir ... bestellt☐ **f)** unterscheiden sich☐ **g)** sich ... entscheiden☐ **h)** sich ... verlassen☐ **i)** sich ... abtrocknen☐ **j)** mich ... hinsetzen☐ **k)** sich ... getrennt☐ **l)** dir ... geputzt☐ **m)** mir ... geliehen☐ **n)** sich ... erhöht☐ **o)** sich ... erfüllt☐ **p)** informierte sich☐ **q)** sich schützen☐ **r)** uns ... ausgezogen☐ **s)** mir ... waschen☐

18	☐

7. a) durchschnittlich☐ **b)** endgültig☐ **c)** gleichberechtigt☐ **d)** unordentlich☐ **e)** öffentlichen☐ **f)** nebenbei☐ **g)** mündlichen☐ schriftlichen☐ **h)** jedenfalls☐ **i)** gesamtes☐ **j)** großzügiger☐ **k)** grundsätzlicher☐ **l)** gewöhnlich☐ **m)** willkommen☐ **n)** vegetarisch☐ **o)** vergeblich☐ **p)** regelmäßig☐ **q)** ungefähr☐ **r)** zufällig☐ **s)** einzelnen☐ **t)** einverstanden☐ **u)** hinterher☐

22	☐

8. a) *Wetter:* Regen☐, Schnee☐, Gewitter☐ **b)** *Schule:* Lehrer☐, Zeugnis☐, Klassenzimmer☐, Unterricht☐ **c)** *Politik:* Demokratie☐, Freiheit☐, Bürgermeister☐, Bundespräsident☐, Frieden☐, Demonstration☐, Staatsangehörigkeit☐, Sitze☐ **d)** *Handel/Wirtschaft:* Werbung☐, Import☐, Export☐, Gewinn☐ **e)** *Medizin:* Fieber☐, Wunde☐, Salbe☐, Doktor☐ **f)** *Verkehr:* Sonderfahrt☐, Haltestelle☐, Umleitung☐, Stau☐, Tankstelle☐, Höchstgeschwindigkeit☐, Einbahnstraße☐, Bundesstraße☐ **g)** *Telefon:* Notruf☐, Auf Wiederhören!☐, Vorwahl☐, Ferngespräch☐ **h)** *Essen:* Margarine☐, Salat☐, Schokolade☐, Sahne☐ **i)** *Haus/Wohnung:* Aufzug☐, Dach☐, Erdgeschoss☐, WC☐, Stock☐, Teppich☐, Dusche☐, Mieter☐

47	☐

9. a) weil☐ **b)** Als☐ **c)** Während☐ **d)** wenn☐ **e)** Solange☐ **f)** Wenn☐ **g)** Bevor☐ **h)** Wenn☐ **i)** Als☐ **j)** bevor☐

10	☐

10. b) sich ... verspätet☐ **c)** entstanden☐ **d)** Gehört☐ **e)** beziehen uns☐ **f)** sich ... entwickelt☐ **g)** bestimmen☐ **h)** missverstanden☐ **i)** erkundige mich☐ **j)** sich ... entschließen☐

9	☐

11. b) aus ist☐ **c)** sind ... zu☐ **d)** zündete ... an☐ **e)** fällt ... ein☐ **f)** Machen ... aus☐ **g)** aufgeben☐ **h)** umsteigen☐ **i)** aufgegeben☐ **j)** ausgemacht☐

9	☐

12. b) entlassen☐ **c)** Beamte☐ **d)** Arbeit☐ **e)** Arbeitsamt☐ **f)** erledigen☐ **g)** Betriebsrat☐ **h)** eingestellt☐ **i)** Mitbestimmung☐ **j)** anstrengende☐ **b)** berufstätig☐ **c)** streiken☐ **d)** ...leistung☐ **e)** verdient☐ **f)** sich ... beworben☐ **g)** Urlaub☐ **h)** ...kenntnisse☐ **i)** Sekretärin☐ **j)** Tarifvertrag☐

18	☐

13. a) 2j☐, 3h☐, 4g☐, 5b☐, 6i☐, 7c☐, 8a☐, 9d☐, 10f☐, **b)** 2i☐, 3g☐, 4h☐, 5b☐, 6a☐, 7d☐, 8j☐, 9f☐, 10c☐

18	☐

14. a) sonst☐ **b)** trotzdem☐ **c)** Deshalb☐ **d)** oder☐ **e)** jedoch☐ **f)** außerdem☐ **g)** Bisher☐ **h)** sondern☐ **i)** Sowohl☐ als auch☐ **j)** weder☐ noch☐

12	☐

15. *Horizontal:* Bad☐ baden☐ Baby☐ bis☐ beantragen☐ Berg☐ Bier☐ bedienen☐ Blut☐ bluten☐ Bedarf☐ Bau☐ bauen☐ behaupten☐

Vertikal: bevor☐ bedeuten☐ Brot☐ Bank☐ Bild☐ Betrieb☐ brennen☐ blau☐ Beweis☐ beweisen☐ bewegen☐ Bericht☐ berichten☐

27	☐

16. b) Ausland □ **c)** Finnland □ **d)** Helgoland □ **e)** Bundesland □ **f)** Deutschland □ **g)** Griechenland □ **h)** Industrieland □

17. b) untersuchen □ **c)** Pille □ **d)** Krankheit □ **e)** Praxis □ **f)** Lebensgefahr □ **g)** Fieber □ **h)** krank □ **i)** Apotheke □ **j)** tut ... weh □ **k)** Versichertenkarte □ **l)** Rezept □ **m)** Schmerzen □ **n)** Krankenschwester □ **o)** Kranke □, **p)** schlimm □ **q)** Medizin □ **r)** Krankenkasse □ **s)** Tropfen □ **t)** Krankenwagen □

18. a) Wissenschaft □ **b)** Kassettenrecorder □ **c)** Eigentum □ **d)** Lederjacke □ **e)** Originale □ **f)** Einzelhandel □ **g)** Reisebüro □ **h)** Kleiderschrank □ **i)** Kalender □ **j)** Gebrauchsanweisung □ **k)** Großeltern □ **l)** Selbstbedienung □ **m)** Wiedersehen □ **n)** Erwachsene □ **o)** Notausgänge □ **p)** Toilette □ **q)** Explosion □ **r)** Garderobe □ **s)** Zusammenhang □ **t)** Kindergarten □ **u)** Proteste □ **v)** Geschirrspülmaschine □ **w)** Forschungsinstitut □ **x)** Entfernung □

19. a) Besteck und Messer □ **b)** Auto und Rad □ **c)** Abend und Nacht □ **d)** Schrank und Holz □ **e)** Luft und Flugzeug □ **f)** Metzger und Wurst □ **g)** Maximum und Minimum □ **h)** Hund und Tier □

20. 2h □, 3f □, 4k □, 5m □, 6n □, 7l □, 8i □, 9o □, 10p □, 11q □, 12b □, 13c □, 14a □, 15j □, 16e □, 17d □, 18r □

21. b) Glückwunsch □ **c)** Wörterbuch □ **d)** Kopfschmerzen □ **e)** Reihenfolge □ **f)** Badewanne □ **g)** Feuerwehr □ **h)** Fundbüro □ **i)** Bleistift □ **j)** Rückkehr □

22. a) für den Hinweis □, für den freundlichen Empfang □ **b)** um eine besser bezahlte Stellung □, um eine Verbesserung der Beziehungen □, um eine sichere parlamentarische Mehrheit □ **c)** auf den Wetterbericht □, auf den Fachmann □, auf die Mitarbeit der Teilnehmer □ **d)** die Pille □, ein Medikament □, Tabletten □ **e)** an einer Beschäftigung als Hausmeister □, an einer Stelle als Praktikant □, an einer Führung durch die Ausstellung □ **f)** gegen die Erklärung des Ministers □, gegen die Betriebsleitung □, gegen die unrealistische Darstellung der Ereignisse in der Presse □ **g)** die Kundin zum Kauf einer Waschmaschine □, eine Freundin zum Urlaub in den Bergen □, seine Nichte zum Eintritt in den Tennisclub □ **h)** über ein aktuelles Thema □, über Verwandte □, über Bekannte □

23. b) Gas geben □ **c)** Geschwindigkeit □ **d)** Ampel □ **e)** Gang □ **f)** Vorfahrt □ **g)** Unfall □ **h)** Automobilindustrie □ **i)** gebraucht □ **j)** Verkehrszeichen □ **k)** Geschwindigkeitsbegrenzung □ **l)** Bundesstraßen □ **m)** Kofferraum □ **n)** überqueren □ **o)** die Kontrolle ... verloren □ **p)** Führerschein □ **q)** Autobahnstrecke □ **r)** Kurven □

24. b) vernünftig □ **c)** bargeldlos □ **d)** häufig □ **e)** übrig □ **f)** evangelisch □ **g)** furchtbar □ **h)** dankbar □ **i)** haltbar □ **j)** Vorläufig □ **k)** fällig □ **l)** weibliche □ **m)** giftig □ **n)** gleichmäßig □ **o)** 4jähriges □ **p)** nötig □ **q)** einzige □ **r)** üblich □ **s)** gültig □ **t)** niedrig □ **u)** gleichzeitig □ **v)** gewöhnlich □ **w)** Gemütliches □ **x)** künstlich □ **y)** katholisch □ **z)** morgigen □

25. b) schneiden □ **c)** schicken □ **d)** gesendet □ **e)** spülen □ **f)** schaffen □ **g)** geschimpft □ **h)** schadet □ **i)** gesunken □ **j)** stört □ **k)** gestoppt □ **l)** gesprungen □ **m)** geschafft □ **n)** geschnitten □ **o)** scheiden □ **p)** sammeln □ **q)** streiten □ **r)** stürzte □ **s)** geschneit □ **t)** schlagen □

26. b) Stelle □ **c)** Schrift □ **d)** Stecker □ **e)** Stück □ **f)** Schritte □ **g)** Streit □ **h)** Stimme □ **i)** Schmerzen □ **j)** ...stücken □
b) Sturm □ Schäden □ **c)** Satz □ **d)** Stoff □ **e)** Supermarkt □ **f)** Schild □ **g)** Strecke □ **h)** Schlagzeilen □ **i)** Sorgen □ **j)** Spritze □

27. b) Schatten □ **c)** Speisekarte □ **d)** Strom □ **e)** Suppe □ **f)** Stempel □ **g)** Staaten □ **h)** Scheck □ **i)** Schuld □ **j)** Sprechstunde □ **k)** Summe □ **l)** Semester □ **m)** Schluss □ **n)** Sinn □ **o)** Schutz □ **p)** Schnee □ Spaß □ **q)** Schachteln □ **r)** Schalter □ **s)** Schirm □ **t)** Strafe □ **u)** Seife □ **v)** System □ **w)** Student □ **x)** Stockwerken □ **y)** Süden □ **z)** Straßenbauarbeiten □

7	□
19	□
24	□
8	□
17	□
9	□
23	□
17	□
25	□
19	□
19	□
26	□

Lösungsschlüssel

28. b) schlecht □ c) selbstständiges □ d) schlechten □ e) Schlecht □ f) selbstverständlich □ g) schlechte □ h) schärferes □ i) schlecht □ j) scharf □ k) schlecht □ l) soziale □
b) schief □ c) süße □ d) sauer □ e) schade □ f) südlich □ g) spannend □ h) schrecklichsten □ i) schuldig □ j) sparsame □ k) staatlicher □ | 21 |

29. 2h □, 3a □, 4g □, 5b □, 6c □, 7e □, 8f □ | 7 |

30. a) Herr Ober □ b) gewählt □ c) Nachspeise □ d) Eis □ e) zahlen □ f) reserviert □ g) Salat □ h) bedient □ i) bestellt □ | 9 |

31. b) beliebt □ c) blond □ d) fit □ e) perfekt □ f) schlank □ g) taub □ h) stumm □ i) fröhlicher □ j) feuchte □ k) einsam □ l) wütend □ m) toleranter □ n) stolz □ o) blaue □ | 14 |

32. b) sollten □ c) will □ d) darf □ e) Möchtest □ f) muss □ g) Könntest □ h) kann □ i) kann □ j) darf □ k) muss □ l) musst □ m) will □ n) kann □ o) sollten □ p) sollst □ | 15 |

33. a) Freizeit □ b) Zuhause □ c) Computerkurs □ d) Ausflüge □ e) Stereoanlage □ f) Wanderverein □ g) Disko □ h) Spaziergänge □ i) Segelboot □ j) Rekord □ k) Zeitungen □ l) Wochenende □ m) Picknick □ | 13 |

34. b) Limonade □ c) Teilnehmer □ d) Unterhaltung □ e) Prozent □ f) Kreditkarte □ g) Spiegel □ h) Atmosphäre □ i) Nadel □ j) Abfall □ k) Gericht □ l) Quark □ m) Bürgersteig □ | 12 |

35. b) Christentum □ c) Islam □ d) Buddhismus □ e) Hinduismus □ f) Bibel □ ... Koran □ g) evangelisch □ ... katholisch □ h) betet □ | 9 |

Summe Stufe 2
(siehe Bewertungstabelle) | 587 |

Stufe 3A

1. *Auto:* tanken □, parken □, bremsen □
Arbeit: (Geld) verdienen □, streiken □, entlassen □, arbeiten □
Freizeit/Sport: schwimmen □, turnen □, tanzen □, Rad fahren □
4 Sinne: riechen □, hören □, sehen □, schmecken □
Körperreaktionen: schwitzen □, frieren □, bluten □, husten □
Schule/Universität: studieren □ (eine Prüfung) bestehen □, (eine Schule) besuchen □, lernen □ | 23 |

2. b) macht □ c) gekommen □ d) bekommen □ e) geführt □ f) gemacht □ g) gestellt □ h) geben □ i) gestellt □ j) Geben □ k) machen □ l) geführt □ m) gebracht □ n) geführt □ o) kommt □ p) macht □ q) gebracht □ r) nehmen □ s) gemacht □ | 18 |

3. a) internationalen □ b) bitter □ c) genau □ d) oberste □ e) prima □ f) nützlich □ g) fair □ h) passiv □ i) locker □ j) offiziell □ k) einzeln □ l) Entsprechend □ m) ausgezeichneter □ n) fest □ o) flache □ p) privat □ q) befriedigend □ r) geheim □ s) zahlreiche □ t) mittleren □ u) gemeinsam □ | 21 |

4. a) ein Gehalt von 3000 € im Monat □ b) das Licht □ c) einen Prospekt □ d) ein Buch in der Bibliothek □ e) die Elektrizität □ f) einen Mietvertrag □ g) einen Ofen □ h) eine Unterschrift □ i) ein Kind von der Schule □ j) das Radio □ k) eine Nachricht □ l) Gold □ m) sein Geld □ n) für das Wetter □ o) unsere Umwelt □ | 15 |

5. b) über ☐ c) an ☐ d) auf ☐ e) ein ☐ f) vor ☐ g) unter ☐ h) er ☐ i) aus ☐ j) ver ☐
k) ent ☐ l) be ☐ m) ab ☐ n) zu ☐

13 ☐

6. b) studiert ☐ c) gelegt ☐ d) angezogen ☐ e) angekommen ☐ f) verbracht ☐ g) gebeten ☐
h) verstanden ☐ i) verpasst ☐ j) gefahren ☐ k) aufgestanden ☐ l) gefragt ☐ m) umgezogen ☐
n) gegeben ☐ o) gratuliert ☐ p) geärgert ☐ q) geworden ☐ r) gegessen ☐ s) gegangen/gefahren ☐ t) genommen ☐ u) unterstützt ☐ v) gefreut ☐

21 ☐

7. a) *Radio/Fernsehen:* Rundfunkgebühr ☐, Fernsehapparat ☐, Abendprogramm ☐ b) *Presse:* Zeitschrift ☐, Druck ☐, Anzeige ☐, Schlagzeile ☐ c) *Verkehr:* Flughafen ☐, Hinfahrt ☐, Eisenbahn ☐, Fahrplan ☐, Gleis ☐, Rückfahrt ☐, Rückfahrkarte ☐, Bahnsteig ☐ d) *Landschaft/Natur:* Park ☐, Feld ☐, See ☐, Berg ☐ e) *Flüsse:* Rhein ☐, Elbe ☐, Donau ☐, Main ☐ f) *Post:* Briefkasten ☐, Telegramm ☐, Päckchen ☐, Einschreiben ☐, Luftpost ☐, Paket ☐, Briefumschlag ☐, Drucksache ☐ g) *Familie:* Neffe ☐, Tante ☐, Großmutter ☐, Geschwister ☐ h) *Betrieb:* Mitbestimmung ☐, Tarifvertrag ☐, Gewerkschaft ☐, Betriebsrat ☐ i) *Möbel:* Couch ☐, Schreibtisch ☐, Tisch ☐, Schrank ☐, Regal ☐, Stuhl ☐, Bett ☐, Sessel ☐

47 ☐

8. b) persönlich ☐ c) typisch ☐ d) vorsichtig ☐ e) beruflich ☐ f) gesetzlich ☐ g) nördlich ☐
h) monatlich ☐ i) tatsächlich ☐ j) verantwortlich ☐

l) r Westen ☐ m) r Hunger ☐ n) s Jahr ☐ o) r Nebel ☐ p) e Ordnung ☐ q) e Eile ☐
r) r Osten ☐ s) e Wahrheit ☐ t) s Interesse ☐

b) vorsichtig ☐ c) Wahrheit ☐ d) Hunger ☐ e) verantwortlich ☐ f) persönliche ☐
g) Nebels ☐ h) beruflichen ☐ i) typisch ☐ j) tatsächlich ☐ k) ungesetzlich ☐ l) Interesse ☐
m) Eile ☐ n) monatlich ☐ o) nördlich ☐

32 ☐

9. b) Der ☐ die ☐ c) Die ☐ des ☐ d) Das ☐ den ☐ des ☐ e) das ☐ f) Der ☐ die ☐ die ☐
g) Die ☐ h) die ☐ die ☐ i) Der ☐ die ☐ j) die ☐ k) Der ☐ l) Die ☐ m) den ☐ n) Der ☐
o) Der ☐ der ☐ p) Die ☐ die ☐ q) der ☐ r) der ☐ des ☐ s) die ☐ der ☐ t) Der ☐

31 ☐

10. b) Wann beginnt die Vorstellung? ☐ c) Schließ(e) bitte das Fenster! ☐ d) Hast du auch nicht vergessen, das Licht auszuschalten? ☐ e) Mach mal bitte das Radio an! ☐ f) Haben Sie meinen Brief erhalten? ☐ g) Soll ich auch alle übrigen Fehler verbessern? ☐ h) Gestern hat sich hier an der Kreuzung ein schwerer Unfall ereignet. ☐ i) Unsere Wohnung liegt im 4. Stock. ☐
j) Hast du schon mit deinen Eltern telefoniert? ☐ k) Das Ergebnis stimmt nicht. ☐ l) Weißt du, welche Waren diese Firma herstellt? ☐ m) Die Geschäfte machen erst um 9.00 Uhr auf. ☐

12 ☐

11. c) Eier ☐ d) Trends ☐ e) Loch ☐ f) Ansprüche ☐ g) Zweifel ☐ h) Drogerie ☐ i) Bäuche ☐ j) Heime ☐ k) Mitglieder ☐ l) Haken ☐ m) Ufer ☐ n) Schachteln ☐ o) Zentren ☐
p) Einfluss ☐ q) Figur ☐ r) Star ☐ s) Mächte ☐ t) Träume ☐ u) Datum ☐ v) Traditionen ☐
w) Stufe ☐ x) Teams ☐ y) Interviews ☐

a) Flecken ☐ b) Jobs ☐ c) Konsequenz ☐ d) Wahl ☐ e) Tickets ☐ f) Säfte ☐ g) Museum ☐
h) Nullen ☐ i) Neubauten ☐ j) Nachbarn ☐ k) Studium ☐ l) Hits ☐ m) Soldaten ☐
n) Flug ☐ o) Brüche ☐ p) Clubs ☐ q) Praktika ☐ r) Studios ☐ s) Tüte ☐ t) Steuern ☐
u) Tipps ☐ v) Zustände ☐ w) Zeugnis ☐ x) Touristen ☐ y) Ratschläge ☐

48 ☐

12. b) darüber ☐ c) nach ☐ d) um ☐ e) auf ☐ f) auf ☐ g) über ☐ h) Worüber ☐ i) an ☐
j) an ☐ k) mit ☐ l) daran ☐ m) zu ☐ n) über ☐ o) über ☐ p) Um ☐ q) auf ☐ r) für ☐
s) auf ☐ t) Worüber ☐ u) davon ☐ v) an ☐ w) für ☐

22 ☐

13. b) Schlag ... nach ☐ c) lässt ☐ rasieren ☐ d) trocknet ☐ e) teilte ☐ f) gezeichnet ☐
g) sieht ... an ☐, spricht ☐ h) näht ☐ i) drücken ☐ j) geleistet ☐ k) verbindet ☐ l) zusammengekommen ☐ m) Beeilt ☐ fährt ... fort ☐ n) gehalten ☐ o) geklettert ☐ p) konnte ☐
fest halten ☐ q) dagewesen ☐ r) gefressen ☐ s) gemessen ☐ t) gestohlen ☐ u) widersprechen ☐ v) trocknen ☐ w) Zahlen ☐ x) Fahr ☐ gemeldet ☐ y) hupte ☐ winkte ☐ verschwand ☐ z) verwendet ☐ scheint ☐ versprechen ☐

34 ☐

Lösungsschlüssel 149

14. 2a □, 3l □, 4h □, 5n □, 6d □, 7m □, 8k □, 9q □, 10b □, 11c □, 12f □, 13p □, 14r □, 15e □, 16g □, 17o □, 18i □

15. b) Zweieurostück □ **c)** Bank □ **d)** Zinsen □ **e)** ist ... wert □ **f)** sparen □ **g)** Wert □ Euro □ **h)** kann ... sich ... leisten □ **i)** gekostet □ **j)** Kredit □ **k)** Hunderteuroschein □ **l)** Bargeld □ **m)** sparsam □ **n)** preiswert □ **o)** überweisen □ **p)** gibt ... aus □ **q)** Cent □ **r)** eingezahlt/überwiesen □ **s)** eröffnen □

16. a) eine Klasse schon seit 3 Jahren □, die Öffentlichkeit über die Entwicklung im Krisengebiet □ **b)** die Linien im Heft □, bis Hundert □, die Zeilen der Buchseite □ **c)** mit dem Personalvertreter □, mit Fräulein Weber □, mit seinem Geschäftspartner □ **d)** eine Freundin um ein Foto □, eine Dame um den nächsten Tanz □, das Publikum um Ruhe □ **e)** vor der gefährlichen Kurve □, vor der kritischen Situation im Grenzgebiet □, vor der Nichtbeachtung der Sicherheitsvorschriften □ **f)** einem Ausländer den Unterschied zwischen Landschaft und Landwirtschaft □, dem Schüler die Mathematikaufgabe □, einer Bekannten verschiedene Artikel des Mieterschutzgesetzes □ **g)** über das neugierige Ehepaar von nebenan □, über die schlechte Unterkunft □, über die unbefriedigenden Verkehrsverbindungen □ **h)** eine Metzgerei □, eine Platte von Enrico Caruso □, einen Ring von großem Wert □

17. b) herrschen □ **c)** beraten □ **d)** erfahren □ **e)** zwingen □ **f)** anhaben □ **g)** abmachen □ **h)** angehen □ **i)** leisten □ **j)** klopfen □ **k)** klagen □ **l)** ordnen □

18. b) Angehörige □ **c)** Sänger □ **d)** Überzeugung □ **e)** Fahrrad □ **f)** Schere □ **g)** Zeichnung □ **h)** Menge □ **i)** Blick □ **j)** Hälfte □ **k)** Organisation □

19. b) Briefkasten □ **c)** Ferngespräch □ **d)** Empfänger □ **e)** Einschreiben □ **f)** Briefmarke □ **g)** rufen ... an □ **h)** Postamt □

b) geschickt □ **c)** Postleitzahl □ **d)** Post gehst □ **e)** Post bringst □ **f)** telefoniert □ **g)** Telefonzelle □ **h)** Telegramm ... aufgegeben □

20. a) behalten □ **b)** erreichen □ **c)** ausfüllen □ **d)** unterbrochen □ **e)** schließen □ **f)** vorbereiten □ **g)** dienen □ **h)** übernehmen □ **i)** wechseln □ **j)** aufgewacht □ **k)** bitte □ **l)** verpaßt □

21. b) Erziehung □ **c)** Beginn □ **d)** Beschreibung □ **e)** Mißverständnis □ **f)** Bitte □ **g)** Dank □ **h)** Information □ **i)** Abfahrt □ **j)** Reparatur □ **k)** Bewerbung □ **l)** Liebe □ **m)** Erkältung □ **n)** Erinnerung □ **o)** Geburt □

a) Lösung □ **b)** Rede □ **c)** Erfindung □ **d)** Erlaubnis □ **e)** Zusammenarbeit □ **f)** Miete □ **g)** Start □ **h)** Versuch □ **i)** Wunsch □ **j)** Zweifel □ **k)** Verkauf □ **l)** Schutz □ **m)** Braten □ **n)** Transport □ **o)** Bewegung □

b) Braten □ **c)** Zweifel □ **d)** Miete □ **e)** Reparatur □ **f)** Erfindung □ **g)** Erkältung □ **h)** Mißverständnis □ **i)** Verkauf □ **j)** Beginn □ **k)** Geburt □ **l)** Bewegung □

22. b) e Großstadt; e Kleinstadt □ **c)** r Augenarzt; r Zahnarzt □ **d)** e Außenpolitik; e Innenpolitik □ **e)** s Nahrungsmittel; s Verkehrsmittel □ **f)** s Feuerzeug; s Spielzeug □ **g)** e Hochzeitsreise; e Urlaubsreise □ **h)** r Bücherschrank; r Kleiderschrank □ **i)** s Vorderrad; s Hinterrad □ **j)** e Brieftasche; e Handtasche □

b) s Gehaltskonto, Gehaltskonten, e Kontonummer, -n □ **c)** s Parkhaus, ¨er, e Haustür, -en □ **d)** s Motorrad, ¨er, r Radfahrer, – □ **e)** e Luftpost, s Postamt, ¨er □ **f)** s Papiergeld, r Geldschein, -e □ **g)** s Krankenhaus, ¨er, e Hausfrau, -en □ **h)** e Straßenbahn, -en, r Bahnhof, ¨e □ **i)** e Altstadt, ¨e, r Stadtplan, ¨e □ **j)** s Einzelzimmer, –, r Zimmerpreis, -e □

23. a) handelt □ **b)** Gesellschaft □ **c)** begann □ **d)** fühlte □ **e)** Arzt □ **f)** trat □ **g)** Recht □

a) reservieren □ **b)** Wohnung □ **c)** wechseln □ **d)** Geschichte □ **e)** umziehen □ **f)** Ausstellung □ **g)** Firmen □ **h)** Unterhaltung □ **i)** Mutter □

24. Mitarbeiter □ menschliche □ beschäftigt □ übernehmen □ Wirklichkeit □ statt □

150 Lösungsschlüssel

17 □
19 □
23 □
11 □
10 □
14 □
12 □
40 □
18 □
16 □

Hilfe ☐ günstiger ☐ Voraussetzung ☐ sichern ☐ gleiche ☐ bestehe ☐ gerechnet ☐
Presse ☐ vorstellte ☐ geringere ☐ Arbeitszeit ☐

| 17 | ☐ |

25. b) Verband ☐ **c)** Halteverbot ☐ **d)** Verbraucher ☐ **e)** Verbrecher ☐ **f)** Vergleich ☐
g) Verhältnis ☐ **h)** Verletzte ☐ **i)** Verkehrsverein ☐ **j)** Verletzungen ☐ **k)** Wohnungsvermittlung ☐ **l)** Versammlung ☐ **m)** Versuch ☐ **n)** Versicherung ☐

| 13 | ☐ |

26. b) Vorort ☐ **c)** Vorurteile ☐ **d)** Vorstellungen ☐ **e)** Vortrag ☐ **f)** Vorfahrt ☐

| 5 | |

27. b) sich … verabschieden ☐ **c)** verändert ☐ **d)** verbessert ☐ **e)** vergleicht ☐ **f)** sich … verändert ☐ **g)** veröffentlichen ☐ **h)** vergrößern ☐ **i)** sich … verhalten ☐ **j)** verlängert ☐ **k)** sich … verbessert ☐ **l)** sich … verletzt ☐ **m)** sich vergrößert ☐ **n)** versprach ☐ **o)** verletzt ☐ **p)** verteilt ☐ **q)** sich … verschlechtern ☐ **r)** verurteilt ☐ **s)** verraten ☐

| 18 | ☐ |

28. b) kommt … vor ☐ **c)** vorschlagen ☐ **d)** vorziehen ☐

| 3 | |

29. b) Gewalt ☐ **c)** Drogen ☐ **d)** Überstunde ☐ **e)** Alltag ☐

| 4 | |

30. b) Industrie ☐ **c)** Karneval ☐ **d)** Beitrag ☐ **e)** Stimmung ☐

| 4 | |

31. a) sauer ☐ **b)** gesünder ☐ **c)** Reis ☐ **d)** Guten Appetit! ☐ **e)** üblich ☐ **f)** reif ☐ **g)** satt ☐ **h)** backen ☐ **i)** süß ☐ **j)** Teller ☐ **k)** Danke, gleichfalls! ☐

| 11 | ☐ |

32. b) arbeitslos ☐ **c)** Arbeitsmarkt ☐ **d)** Nachtschicht ☐ **e)** Ingenieur ☐ **f)** Pension ☐
g) Job ☐ **h)** Bedarf ☐
b) Bauer(n) ☐ **c)** kommerziellen ☐ **d)** Verfahren ☐ **e)** Betriebsleitung ☐ **f)** Arbeitsplätze ☐
g) Arbeitsbedingungen ☐

33. b) zornig ☐ **c)** komisch ☐ **d)** schwul ☐ **e)** frech ☐ **f)** tolle ☐ **g)** schwanger ☐ **h)** chic ☐
i) schlechter ☐ **j)** schlank ☐ … dichtes ☐ … braune ☐

| 11 | ☐ |

34. b) Nichtraucher ☐, **c)** den Zorn der… ☐, **d)** eine Wirkung ☐, **e)** in dem Resultat ☐

| 4 | |

35. b) Nachricht ☐ **c)** Schiff ☐ **d)** Kopierer ☐ **e)** Autofahrer ☐ **f)** Ausländer ☐ **g)** Kette ☐
h) Reisekosten ☐ **i)** Geburtsort ☐ **j)** Zone ☐ **k)** Industriegebiet ☐ **l)** Altersheim ☐ **m)** Netz ☐
n) Grenzgebiet ☐ **o)** Daten ☐ **p)** Chef ☐ **q)** Museum ☐ **r)** Wort ☐ **s)** Buchstaben ☐
t) Kasse ☐ **u)** Übungen ☐ … Note ☐

| 21 | ☐ |

36 A. 2 h ☐ 3 c ☐ 4 d ☐ 5 e ☐ 6 i ☐ 7 a ☐ 8 f ☐ 9 j ☐ 10 k ☐ 11 l ☐ 12 b ☐

| 11 | ☐ |

36 B. b) Diskette ☐ **c)** Maus ☐ **d)** Tastatur ☐ **e)** …drucker ☐ **f)** Diskettenlaufwerk ☐
g) CD-Rom-Laufwerk ☐ **h)** Diskette ☐

| 7 | |

37. b) Gebühren ☐ **c)** mündlichen ☐ **d)** Notizen ☐ **e)** zusammenfassen ☐ **f)** markieren ☐
g) Hörverstehen ☐ **h)** Wortschatzübungen ☐ **i)** Prüfung ☐ **j)** vorbereitet ☐ **k)** ZD ☐
l) Note ☐

| 11 | ☐ |

Summe Stufe 3A
(siehe Bewertungstabelle) | **670** | ☐ |

Lösungsschlüssel

Stufe 3B

1. a) die Bank ☐ **b)** die Leitung ☐ **c)** die Praxis ☐ **d)** die Decke ☐ **e)** die Anzeige ☐
f) der Nagel ☐ **g)** das Eis ☐ **h)** 1B ☐, 2C ☐, 3A ☐, 4B ☐ **i)** 1D ☐, 2C ☐, 3B ☐, 4A ☐,
5C ☐ **j)** 1B ☐, 2A ☐, 3C ☐, 4C ☐   20 ☐

2. a) 1C ☐, 2H ☐, 3G ☐, 4E ☐, 5B ☐, 6A ☐, 7D ☐, 8F ☐, 9E ☐ **b)** 1C ☐, 2D ☐,
3E ☐, 4A ☐, 5B ☐, 6G ☐, 7C ☐, 8F ☐ **c)** 2a ☐, 3n ☐, 4h ☐, 5k ☐, 6l ☐, 7m ☐, 8d ☐,
9j ☐, 10b ☐, 11f ☐, 12i ☐, 13c ☐, 14g ☐ **d)** 2c ☐, 3a ☐, 4e ☐, 5d ☐ **e)** 1A ☐, 2D ☐,
3E ☐, 4B ☐, 5C ☐, 6A ☐ **f)** 1C ☐, 2B ☐, 3A ☐, 4B ☐ **g)** 1D ☐, 2B ☐, 3C ☐, 4A ☐,
5D ☐ **h)** 2. stehen ☐ 3. liegt ☐ 4. legt ☐ 5. steht ☐ 6. liegt ☐ 7. lege ☐ 8. stellen ☐ 9.
steht ☐ 10. gestellt ☐ 11. liegt ☐ 12. liegen ☐ 13. stellen ☐ 14. gelegt ☐ 15. liegen ☐ 16.
stehen ☐ 17. steht ☐ 18. gelegt ☐ 19. steht ☐ 20. liegt ☐ 21. steht ☐ 22. liegt ☐ 23. lege ☐
24. liegt ☐ 25. steht ☐   73 ☐

3. a) 1B ☐, 2D ☐, 3C ☐, 4A ☐, 5A ☐, 6D ☐, 7B ☐, 8C ☐, 9A ☐, **b)** 1B ☐, 2A ☐,
3B ☐, 4C ☐, 5A ☐, 6B ☐, 7C ☐, **c)** 1E ☐, 2D ☐, 3C ☐, 4A ☐, 5B ☐, 6C ☐, 7C ☐,
8A ☐, 9D ☐, **d)** 1C ☐, 2B ☐, 3D ☐, 4A ☐, 5E ☐, 6B ☐, 7D ☐, 8E ☐, 9A ☐, 10C ☐   35 ☐

4. a) 1C ☐, 2A ☐, 3B ☐, 4A ☐, 5D ☐, 6B ☐, 7C ☐, 8D ☐ **b)** 1B ☐, 2A ☐, 3C ☐, 4A ☐,
5C ☐, 6B ☐, 7A ☐ **c)** 1D ☐, 2A ☐, 3B ☐ 4A ☐, 5C ☐, 6D ☐, 7B ☐, 8C ☐ **d)** 1E ☐,
2A ☐, 3C ☐, 4B ☐, 5C ☐, 6F ☐, 7D ☐, 8C ☐, 9E ☐, 10F ☐, 11A ☐, 12D ☐ **e)** 1B ☐,
2D ☐, 3A ☐, 4C ☐, 5D ☐, 6B ☐, 7D ☐, 8C ☐ **f)** 1B ☐, 2D ☐, 3C ☐, 4A ☐, 5D ☐,
6C ☐, 7D ☐, 8A ☐ **g)** 1B ☐, 2A ☐, 3B ☐, 4B ☐, 5A ☐ **h)** 1B ☐, 2D ☐, 3A ☐, 4B ☐,
5C ☐, 6C ☐, 7D ☐, 8A ☐, 9B ☐ **i)** 1A ☐, 2B ☐, 3A ☐, 4C ☐, 5D ☐, 6B ☐, 7A ☐
j) 1B ☐, 2A ☐, 3A ☐, 4B ☐, 5A ☐, 6B ☐ **k)** 1B ☐, 2A ☐, 3B ☐, 4C ☐, 5A ☐ 6C ☐
l) 1B ☐, 2A ☐, 3C ☐, 4B ☐, 5A ☐, 6C ☐ **m)** 1B ☐, 2C ☐, 3A ☐, 4C ☐, 5B ☐, 6A ☐, 7A ☐
n) 1A ☐, 2B ☐, 3B ☐, 4A ☐, 5B ☐   102 ☐

Summe Stufe 3B 230 ☐
(siehe Bewertungstabelle)

Stufe 3C

1.1. b) abgeschlossen ☐ c) auf dem ☐ d) auszumachen ☐ e) anfassen ☐ f) siehst … aus ☐
g) Geldbörse ☐ h) in die Kneipe/ins Gasthaus ☐ i) Jungen ☐ | 8 |
1.2. b) Hackfleisch ☐ … Bohnen ☐ c) Fleischerei ☐ d) Bürgersteig ☐ e) Klingel ☐
f) Dieses Jahr ☐ g) Schrank ☐ h) Hähnchen ☐ i) Hörnchen ☐ | 9 |
1.3. b) ja ☐ c) nein ☐ d) nein ☐ e) nein ☐ f) ja ☐ g) ja ☐ h) ja ☐ i) nein ☐ | 8 |
1.4. b) nein ☐ c) ja ☐ d) nein ☐ e) nein ☐ f) nein ☐ g) nein ☐ h) ja ☐ i) ja ☐ | 8 |
1.5. b) A ☐ c) D ☐ d) D ☐ e) A ☐ f) A ☐ g) D ☐ h) D ☐ i) A ☐ | 8 |
2.1. b) Bürgermeister ☐ c) Die Fahrkarte ☐ d) Eintrittskarten ☐ e) Last(kraft)wagen ☐
f) Friseur ☐ g) Briefumschläge / Kuverts ☐ h) Dose ☐ i) erscheint mir ☐ | 8 |
2.2. b) Führerschein ☐ c) Gebrauchsanweisungen ☐ d) ein Eis ☐ e) Kasten ☐
f) Schrank ☐ g) Jugendlichen ☐ h) Getreide ☐ i) das Abitur ☐ | 8 |
2.3. b) diesen Hundertfrankenschein ☐ c) Bahnsteig ☐ d) welchem Topf ☐ e) Briefträger ☐
f) Hähnchen ☐ g) euch beeilen ☐ h) Schreibtisch ☐ i) ein Eis ☐ … Sahne ☐ | 9 |
2.4. b) CH ☐ c) CH ☐ d) D ☐ e) CH ☐ f) D ☐ g) CH ☐ h) CH ☐ i) D ☐ | 8 |

A. b) Hackfleisch ☐ … Bohnen ☐ c) Fleischerei ☐ d) Hähnchen ☐ e) Hörnchen ☐
f) Klöße ☐ g) Aprikosen ☐ h) Pfannkuchen ☐ i) Tomaten ☐ j) Sahne ☐
k) Pilzen ☐ l) Pflaumen … ☐ | 12 |
B. b) Last(kraft)wagen ☐ c) Fahrer ☐ d) Friseur ☐ e) Briefumschläge / Kuverts ☐
f) Sessel ☐ g) Eis ☐ h) Rock ☐ i) Bahnsteig ☐ j) Reifen ☐ k) Hähnchen ☐
l) dich … beeilst ☐ m) Fahrrad ☐ | 12 |
C. b) Darin sind z. B. Ausweis … ☐, c) Gegenteil von: die Mädchen ☐ d) Darin
transportiert man … ☐ e) Darin brät man z. B. Fleisch … ☐ f) Hoher kleiner
Tisch für … ☐ g) Aktion, bei der Personen … ☐ | 6 |

Summe Stufe 3C
(siehe Bewertungstabelle) | 104 |

DIE Grammatik für die Grundstufe

**Grundstufen-Grammatik
für Deutsch
als Fremdsprache**

Erklärungen und Übungen
von Monika Reimann

240 Seiten mit Zeichnungen
ISBN 3–19–001575–9

- Lehrwerksunabhängig und lehrwerksbegleitend
- Zur Wiederholung – Vertiefung – Prüfungsvorbereitung
- Im Unterricht und als Selbstlernmaterial verwendbar
- Der gesamte Wortschatz entspricht den Anforderungen des Zertifikats Deutsch

Schlüssel
48 Seiten
ISBN 3–19–011575–3

Zweisprachige Fassungen
in Chinesisch, Englisch, Französisch, Griechisch, Italienisch, Polnisch, Russisch, Spanisch und Türkisch

Hueber – Sprachen der Welt
www.hueber.de

Wir machen Sie fit fürs Zertifikat Deutsch!

Fit fürs Zertifikat Deutsch
Tipps und Übungen
von Sabine Dinsel und Monika Reimann

- zur gezielten Vorbereitung auf das neue Zertifikat Deutsch
- gründliche Erläuterung der Prüfungsbedingungen und Textaufgaben des Zertifikats
- Lerntipps und aufbauende Übungen, die zur Lösung der Testaufgaben hinführen
- ein kompletter Modelltest und ein Lösungsteil mit detaillierten Erklärungen
- insbesondere für Selbstlerner geeignet

120 Seiten mit Zeichnungen
ISBN 3–19–001651–8

Texte zum Hörverstehen:
1 Cassette   ISBN 3–19–011651–2
1 CD   ISBN 3–19–021651–7

Hueber – Sprachen der Welt